世界哲學家叢書

貝 原 益 軒

岡田武彦著

1987

東大圖書公司印行

© 貝原益軒

作　者　岡田武彦

發行人　劉仲文

出版者　東大圖書股份有限公司

總經銷　三民書局股份有限公司

印刷所　東大圖書股份有限公司

　　　　地址／臺北市重慶南路一段六十一號二樓

　　　　郵撥／○一○七一七五─○號

初　版　中華民國七十六年三月

基本定價　肆元肆角肆分

行政院新聞局登記證局版臺業字第○一九七號

「世界哲學家叢書」總序

　　本叢書的出版計劃原先出於三民書局董事長劉振強先生多年來的構想，曾先向政通提出，並希望我們兩人共同負責主編工作。一九八四年二月底，偉勳應邀訪問香港中文大學哲學系，三月中旬順道來臺，卽與政通拜訪劉先生，在三民書局二樓辦公室商談有關叢書出版的初步計劃。我們十分贊同劉先生的構想，認為此套叢書（預計百冊以上）如能順利完成，當是學術文化出版事業的一大創舉與突破，也就當場答應劉先生的誠懇邀請，共同擔任叢書主編。兩人私下也為叢書的計劃討論多次，擬定了「撰稿細則」，以求各書可循的統一規格，尤其在內容上特別要求各書必須包括 (1) 原哲學思想家的生平；(2) 時代背景與社會環境；(3) 思想傳承與改造；(4) 思想特徵及其獨創性；(5) 歷史地位；(6) 對後世的影響（包括歷代對他的評價），以及 (7) 思想的現代意義。

　　作為叢書主編，我們都了解到，以目前極有限的財源、人力與時間，要去完成多達三、四百冊的大規模而齊全的叢書，根本是不可能的事。光就人力一點來說，少數教授學者由於個人的某些困難（如筆債太多之類），不克參加；因此我們曾對較有餘力的簽約作者，暗示過繼續邀請他們多撰一兩本書的可能性。遺憾

的是，此刻在政治上整個中國仍然處於「一分為二」的艱苦狀態，加上馬列教條的種種限制，我們不可能邀請大陸學者參與撰寫工作。不過到目前為止，我們已經獲得八十位以上海內外的學者精英全力支持，包括臺灣、香港、新加坡、澳洲、美國、西德與加拿大七個地區；難得的是，更包括了日本與大韓民國好多位名流學者加入叢書作者的陣容，增加不少叢書的國際光彩。韓國的國際退溪學會也在定期月刊「退溪學界消息」鄭重推薦叢書兩次，我們藉此機會表示謝意。

　　原則上，本叢書應該包括古今中外所有著名的哲學思想家，但是除了財源問題之外也有人才不足的實際困難。就西方哲學來說，一大半作者的專長與興趣都集中在現代哲學部門，反映著我們在近代哲學的專門人才不太充足。再就東方哲學而言，印度哲學部門很難找到適當的專家與作者；至於貫穿整個亞洲思想文化的佛教部門，在中、韓兩國的佛教思想家方面雖有十位左右的作者參加，日本佛教與印度佛教方面卻仍近乎空白。人才與作者最多的是在儒家思想家這個部門，包括中、韓、日三國的儒學發展在內，最能令人滿意。總之，我們尋找叢書作者所遭遇到的這些困難，對於我們有一學術研究的重要啟示（或不如說是警號）：我們在印度思想、日本佛教以及西方哲學方面至今仍無高度的研究成果，我們必須早日設法彌補這些方面的人才缺失，以便提高我們的學術水平。相比之下，鄰邦日本一百多年來已造就了東西方哲學幾乎每一部門的專家學者，足資借鏡，有待我們迎頭趕上。

　　以儒、道、佛三家為主的中國哲學，可以說是傳統中國思想與文化的本有根基，有待我們經過一番批判的繼承與創造的發

展，重新提高它在世界哲學應有的地位。為了解決此一時代課
題，我們實有必要重新比較中國哲學與（包括西方與日、韓、印
等東方國家在內的）外國哲學的優劣長短，從中設法開闢一條合
乎未來中國所需求的哲學理路。我們衷心盼望，本叢書將有助於
讀者對此時代課題的深切關注與反思，且有助於中外哲學之間更
進一步的交流與會通。

　　最後，我們應該強調，中國目前雖仍處於「一分為二」的政
治局面，但是海峽兩岸的每一知識份子都應具有「文化中國」的
共識共認，為了祖國傳統思想與文化的繼往開來承擔一份責任，
這也是我們主編「世界哲學家叢書」的一大旨趣。

傅偉勳　韋政通

一九八六年五月四日

自　序

　　江戶幕府到了將軍家光的時候（1623～1651），建立了安定的幕藩體制，日本各地大儒輩出，互爭門戶。中江藤樹、伊藤仁齋、山崎闇齋、山鹿素行、貝原益軒等是當時具有代表性的大儒。其中尤以貝原益軒的博學洽聞無人可及，在實學，也就是科學技術方面，也留下了劃時代的偉績。此外，益軒還用日文寫了許多稱作《訓語》的啓蒙書，致力於提高士庶人的儒教修養，他在這方面的努力也是其他的人所望塵莫及的。《訓語》共有十種，其中尤以〈養生訓〉和〈五常訓〉為有名，前者膾炙人口，後者已有英譯本發行。

　　在儒學方面，益軒早年似乎傾向陸王學，到了中年開始轉向朱子學。他著有近思錄的注釋書《近思錄備考》，當時，甚至在中國這樣的注釋書都還沒有出現。晚年，他開始懷疑陸王及周濂溪以下諸儒者受到了佛教的影響而著《大疑錄》予以批判，不過，對於朱子，益軒始終尊崇若神明。益軒的實學涉及廣泛，其特色在於接受中國實學，使其日本化並加以推廣發展。《大和本草》是其代表的名著。這些都是基於以朱子為中心的宋儒的倫理思想及明羅欽順（整庵）的理氣一體論所寫的東西，總括來看，益軒的成就可以說是將朱子的全體大用的思想活用於日本所獲得的

成果。益軒雖然對朱子學採取了批判的態度，但仍然尊崇朱子，他雖然批判仁齋的古學，但排斥門戶之見，這些都是值得我們重視的地方。

　益軒著述出版了許多實學書和啓蒙書，而這些都是以儒教切至的人道主義為根本所寫的東西，他的努力對於現代人一味追求科學技術的向上發展，爭取享受其成果而忽視人性的風潮，無疑是一記當頭棒喝。

　本書二十三章中所敍述的是益軒的經歷、儒學思想、實學及其所依據的倫理思想、養生訓以及益軒的學問所具備的現代的意義。附錄都是益軒全集未收的資料，是在研究益軒的學術思想上所不可缺少的貴重的東西。

　本書的出版是傅偉勳教授大力促成的，另外還得到日本西南學院大學王孝廉教授及夫人張桐生女士很大的幫助，在此一併表示我由衷的感謝。

岡田武彥

1987 年 1 月於日本福岡

貝原益軒 目次

一、貝原家的系譜

　　據說貝原家的祖先出於藤原氏。代代任備中吉備津宮「岡山縣吉備郡眞金町）的神職。這個神社是在史書中也有記載的名社，是戰前的國幣中社。足利時代末期，多兵衞的時候移住備前的岡山。多兵衞之子久兵衞（原名市兵衞）就是益軒的祖父。久兵衞晚年剃髮，稱作宗喜，年輕的時候侍奉甲州的武田信玄，在信玄子勝賴的時候辭職，流浪諸國，後移住周防的國山口。不久，應黑田如水的招請奉職黑田家，後來在如水、長政父子征伐島津的時候從軍立功，又在長政拜領豐前半國，攻略豐前城井的時候，拯救過主君的危難。在豐臣秀吉征伐朝鮮的時候，任海路輸送總司令，活躍一時，終於在慶長二年（1597）當了地方的代官。在黑田家受封福岡筑前後，發揮了民政與經理的手腕，留下了不少功績。後因中風，辭退了昇進的機會，最後在宗像郡勝浦的地方官任上逝世。時在寬永三年（1626），享年七十七歲。雖然是地方官，但是實際的俸祿非常高，所以相當富有，貝原家就這樣在宗喜的時候確立了黑田藩士的地位。宗喜生有二男三女，長男就是益軒的父親寬齋。（參考井上忠氏《貝原益軒》）

　　寬齋（1597～1665）名利貞、通稱千壽，後稱孫太夫或四郎太夫，晚年號寬齋。生於慶長二年。繼父親宗喜之後，奉侍藩主

忠之、光之。在寬齋的時候，離開了自宗喜以來長久居住的福岡
城（舞鶴城）東邸宅，輾轉遷居於福岡市內及郊外的郡村。我們
不清楚他們爲什麼要這樣常常遷居，不過，寬齋的食祿曾一度被
取消，這或許就是主要的原因吧！晚年，奉藩命勤務於江戶的藩
邸。島原之亂的時候與子家時一同從軍。寬齋爲人謙遜，重信
義，對人不分貴賤均以禮相接。子存齋曾賦一絕，敍述父親的德
性：

　　　謙德平生不侮人
　　　外遇急難內常春
　　　機必旣盡無機事
　　　安樂場中自養眞

　　從上面的詩中大致可以看出一點寬齋的德容。寬齋好儒學猶
勝於文學，忌嫌異端邪說。有子五人，長子早死，其他四人都好
讀書，勵於學問，而且都以儒學爲志，這可以說是受了寬齋敎化
的影響。四人當中以益軒最爲有名。寬齋又通醫藥，常爲人治
病。五十九歲的時候把職位讓給四男樂軒，在江戶侍奉內廷兩年
後辭職，寬文五年十二月三日中風逝世，享年六十九。時，益軒
三十六歲。

　　家時（1617～1689）是寬齋的次男，通稱山三郎，後改稱與
左衞門。生於元和三年。在藩主忠之側近當近侍當了一段很長的
時間，島原之亂的時候，與父寬齋一同隨藩主出征。生性豪邁不
羈，精通劍術，與其他的兄弟不同，是一個富於武士氣質的人。
後蒙藩主譴責，去職從商，因以致富。晚年因受官吏的讒言，遭

到禁錮，元祿二年十一月二十二日於座敷牢中死去。享年七十
一。時，益軒六十歲。

　　存齋（1622～1695）寬齋的三男，名元瑞，小名十太夫，字
子善，存齋是他的號。生於元和八年。因天生體弱多病，故立志
當醫生，削髮改名回道，後稱玄湛，又改爲元瑞。十八歲遊學京
都，數年後學成歸藩，二十六歲的時候當了藩主忠之的世子光之
的侍醫、七年後辭職隱退鄉間，教授子弟以終生涯。元祿八年十
二月十日去世，享年七十四。時，益軒六十六歲。存齋生有可
久、重春二子，重春當了益軒的嗣子。存齋方正廉直，富學識，
通醫學，又好文學，修習過經史百家之學，四方來學者眾多。益
軒少年時曾受到存齋親切的教益，存齋著有《孝經纂註》《存齋
遺集》（《貝原益軒全集》卷七所收），益軒爲遺集寫了序文。文
中對兄、存齋的學德性行有如下的記述：

　　　先生之爲人也，聰明超絕于人，好義忘貧，廉潔忠直，不
　　　慕榮利，不求名譽。聞義卽遷，行己有勇。其當見義也，
　　　不敢恐眾議也。不阿于權貴。其學純正不信妄誕。至晚年
　　　其見識益高明。平生以安貧樂道爲務，不以窮賤爲憂苦。
　　　嗜書好客而自娛。視世俗之汲汲勢利，以爲不知命而深恥
　　　之。常以講經書授句讀爲事業，日日教授學徒而不倦。其
　　　於子姪也不溺私愛，不流姑息，教以義方，見其不善則諄
　　　諄而教戒。凡其安貧窮，務教授而不怠，皆是常人之所不
　　　堪勞苦。而先生處之晏如，可謂過人之遠也。易曰，不事
　　　王侯，高尚其事。益清介自守、獨潔其身者，茲若人之儔
　　　乎。孔子曰，不知命無以爲君子也。如先生者可謂庶乎知

命矣。

樂軒（1625～1702）寬齋四男。名義質、通稱牛之助，後改稱次兵衞、善太夫、隱居後稱日休。字子實，樂軒是他的號。生於寬永二年，繼父親寬齋之後爲浦奉行，治績斐然。六十四歲時蒙藩主譴責失去職位，把家讓給兒子好古而隱居，元祿十五年三月十一日去世，享年七十八。時，益軒七十三歲。樂軒秉性質實寬容，廣愛衆人。好學問，據稱他的經術純正，史論明快。應宮崎安貞之懇請，添削了安貞的名著《農業全書》。由此也可推察他的學識。

益軒（1630～1714）寬齋的五男，名篤信，通稱久兵衞。久兵衞原來是祖父的名字，爲當時的藩主光之所賜。始號損軒，八十歲以後號益軒。損和益大槪都是根據《易》的卦名而來的。生於寬永七年十一月十四日。三十九歲時娶妻，東軒，益軒將她教導成一個閨秀學者。東軒夫人身體虛弱，有病時，益軒就親自投藥看病。夫婦之間沒有孩子，所以收兄樂軒之子好古（恥軒）爲養子，好古先益軒過世，於是又以兄存齋之子重春爲嗣子。益軒最初志於醫學，明曆元年（1655）二十六歲的時候剃髮，自號柔齋。寬文八年（1668）三十九歲的時候又重新蓄髮，而以儒者自任。在本草學等實學上留下了很大的功績，在儒學方面也是江戶時代屈指可數的大家。雖然生來虛弱，可是因爲通醫學，著《養生訓》而又身體力行的緣故，因此得以安享八十五歲的長壽。在東軒夫人亡故的第二年，正德四年八月二十七日去世。

東軒（1652～1713）益軒之妻，秋月藩士、江崎廣直之女。名初，字得生，東軒是其號。生於承應元年，通經史，善和歌。

長於文墨，京都貴人來索書者甚多。伊藤仁齋之子，東涯在東軒夫人的字帖題書上，稱讚她是賢妻良母的模範。十七歲與益軒結婚，因身體虛弱而沒有生育，隨益軒巡遊日本各地。益軒有各種紀行文，據說多出於夫人手筆，正德三年十二月去世，享年六十二。

　　耻軒（1664～1700）樂軒的次男，名好古，又稱市之進，耻軒是他的號。生於寬文四年。資性敏慧，自幼好學問，器量識見卓越，議論醇粹。嗜文學，博雅而篤忠孝，有君子之風。益軒頗寵愛之。元祿十三年，以三十七歲之英年逝世，有辭世詩如下：

> 短長有數何足傷
> 有死有生天地常
> 三十七年無一事
> 忠君報國未嘗忘

識者無不哀惜。著書有《和爾雅》（日本歲時記）《八幡宮本紀》《和漢事始》等，廣傳世間，這些著作都是受益軒之命，而且在他的指導下所著述的。

　　和軒（1671～1733）樂軒的三男。名常春，通稱安平，字元夫，又稱清溪翁。和軒是他的號。生於寬文十一年二月二日。是福岡藩的儒員。除儒學外還通歌道，著有《漢詩和歌集》《和軒吟草正續》（《益軒全集》卷七所收）。益軒門人櫛田涉為《和軒吟草》題書，其中對和軒的學識有如下的記述：

> 益軒先生無子，取為嗣息。後有故而辭家，屏居田里，翰

晦聲跡，人罕見其面。其見人也，怡靜寡言，與物無忤，
喜慍之色罕見形。好讀書，六經諸史，通習大義。性愛和
歌，往往吟咏性情。消遣為樂，不欲示人，人亦不知。
（中略）無食弊衣，處之澹如。晚有勸仕者，賦詩謝遣。
（《益軒全集》卷七）

享保十八年去世，享年六十八歲。（以上參照《益軒全集》〈益
軒先生傳〉。井上忠《貝原益軒》《益軒全集》卷七）

二、博多與益軒

　　距今大約三百五十年前，益軒生於福岡城（舞鶴城）的東邸，這是黑田家受封於筑前的三十年後的事。當時的藩主是長政之子、忠之，益軒出生後三年，發生栗山大膳事件，城內並不平穩。不過，當時正是德川三代將軍家光的時代，幕府政權已經確立，權威行於天下，文教也得到充分地發展。在益軒出生的時候，當時，事奉幕府，以朱子學爲官學而促使朱子學成爲幕府政教中心的林羅山是四十八歲。以詩文馳名的石川丈山是四十七歲，遊學於羅山之師藤原惺窩之門，在侍奉前田家以後，於京都講義學間的松永尺五是三十八歲。曾事奉伊予之大洲的陽明學者、中江藤樹是二十三歲。其後，倡崎門朱子學的山崎闇齋是十三歲。在尺五門下學成後，於京都東山教授弟子二十餘年，馳名天下的木下順庵是十一歲。藤樹的門人、熊澤蕃山是十歲。後來提倡古義學，批判程朱學的京都的伊藤仁齋是四歲。新井白石，室鳩巢，物徂徠等人則較益軒年少二十多歲到三十歲。益軒是一個博學多識的大儒，而且在實學方面留下了偉大的功績，在當時這個分野的諸儒當中，益軒是出類拔萃的人物，九州出了不少具有獨創性的大儒，益軒就是其中的一人。

　　曾於十三世紀遭受到蒙古軍兩次來襲的博多灣位於九州的北

部，益軒的出生地福岡，就是面向這個博多灣的市街，是一個東西橫走，呈緩弧形，人口約一百一十萬的明媚都市。在扼住博多灣咽喉處有志賀島，西方，隔着水路，有絲島半島環繞於灣之西側。志賀島西北方有一個叫玄界島的小小的島，開向朝鮮海峽中的壹岐，對馬的汽船都要經過這個小島的旁邊。灣內有一個比較大的能古島，站在福岡市的西端盡頭就可以望見這個島。志賀島常在萬葉的詩歌中出現，這裏有埋葬蒙古軍來襲時被殺的元兵的蒙古供養塔。距今約一百八十多年前，島上發掘出刻著「漢倭奴國王」的金印。玄界島，能古島在元寇的時候都受到了蹂躪，尤其是能古島，因爲是把守太宰府的入口，所以除了元軍之外，在更早的時候還曾經受到刀伊賊的踐踏蹂躪。能古島上也有萬葉的歌碑。

福岡市東部有筥崎神宮，樓門掛着元寇當時，龜山上皇的宸筆所書「敵國降伏」的勅額。在筥崎神宮稍向西的大學路上有黑田家累代的菩提寺、崇福寺。這個寺院原來是十三世紀時大應國師在太宰府所建立的，後來才移到福岡來。此外，從博多車站前面的大路稍向東走，可以看到日本最古的禪寺、聖福寺。這個禪寺是在鎌倉時代初期，自宋歸國的榮西向幕府請願所開建的，後來雖然屢遭兵火的破壞，因爲受到豐臣秀吉，博多豪商島井宗室、神谷宗湛及名島城主小早川隆景等的信奉而得以再建。在歷代住職中，輩出了許多傑僧，以畫禪的戲畫而有名的仙崖和尙（1750～1837）就是其中的一人。

太宰府位於福岡市南方約二十公里的地方，是古代鎮西府的所在地，這裏還有太宰府天滿宮，是爲了祭祀當年以流謫之身，在此地悲哀地結束一生的菅原道眞而建的。在太宰府天滿宮稍向

北的地方，有當年的遣唐學者，後來擔任太宰大貳的吉備公所建立的學業院跡，使人緬懷儒學興盛時的往昔。這裏還有天智天皇時開基的觀世音寺，此寺完成於聖武天皇的時候，從前有四十九院，是九州佛教的宗本山。

有關過去的福岡及其周圍的地理、歷史，益軒的名著《筑前國續風土記》三十卷中有詳細的記述。這部書是元祿元年（1688），益軒五十九歲的時候受藩主之命著手編集，於寶永七年（1710）八十一歲時完成，是益軒著述當中，花費心血最多的一部。

福岡在十六世紀出了兩個風流人物。一是島井宗室（？～1615），另一人是神谷宗湛，他們在當時是有名的博多豪商，與信長、秀吉不僅在政治上保持着很深的關係，在茶道上也有往來，所以，他們與當時有名的茶人，千利休、津田宗及等都有交往。十七世紀出了貝原益軒，十八世紀出了龜井南冥、昭陽父子。南冥（1743～1814）隨僧大潮修習徂徠學，着重在經世方面，並將其學傳給其子昭陽。中年曾任藩校教授，後因受讒言而遭排斥。南冥好酒，善作詩，任俠慷慨，世稱儒俠，又通醫學，在永富獨嘯庵處學習過古醫方，南冥著有本於徂徠學的論語註釋書《論語語由》，昭陽著《論語語由述志》。南冥和益軒可以說是福岡的二大儒，二人的墓地都在福岡的西部地區，建有墓碑的兩個寺院剛好位於道路的兩側，中間是聯絡福岡市東西的幹線公路。南冥等龜井一家的墓在道路北側的淨滿寺中，益軒及東軒大人的墓碑則建於南側的金龍寺中。那裏還有益軒的座姿銅像，下面刻有益軒的自贊。

益軒的性格沒有南冥的儒俠狂奇，陰濕，是一個樂天、明

朗、溫和的人，他沒有武士氣質的拘謹刻板的地方，可以說是
一個具有庶民性格的平易近人的人。他的門人竹田定直在墓誌銘
中，對益軒的性格有下面的記述：

　　　恭默思道　極精造微　愛物為務　事天不欺

我們似乎可以在益軒的性格當中找到博多人的特徵。福岡市市中
心的那珂川自南至北注入博多灣，過去，那珂川的西部地區稱作
福岡，東部地區稱作博多，如今的國鐵博多驛（車站）因為在博
多地區的緣故，所以不稱福岡驛，稱博多驛。而且因為福岡地區
是城下町而博多地區是商人町，所以福岡市的物產名稱也多冠上
博多之名。古來博多商人明朗率直，富有朝氣，是所謂的博多人
氣質，沒有絲毫陰沉的地方，這大概與福岡地方的氣候風土以及
這裏自古就是海外貿易的根據地有關係吧！這樣的博多人氣質也
可以說就是日本古代人的氣質，在另一方面，缺少思索的深度，
沉潛的修養。一代大儒益軒，不僅在鄉里福岡，就是在京都，江
戶也有許多瞻仰其名的人，前面已經說過，在博學多識方面，他
在當時是首屈一指的學者，可是在思想方面，固然稱得上宏博，
不過，說到深潛縝密，深淵透徹，就不免有所不足了。朱子的老
師劉屏山，在為朱子取字「元晦」的時候，對「晦」的字義，有
下面的說明：

　　　木於根晦春容曄數
　　　人於身晦神明內腴

益軒在感情上固然尊崇朱子，可是在朱子的以「木晦」所表示的深層思索及深造自得方面，就使人感覺有不及朱子的地方了。這大概是因為博多的風氣直接間接地影響了益軒的思想的緣故。如前面所述，益軒雖然出生於福岡城內的東邸，可是由於父親寬齋的失職而移住博多町，生長於町民子弟之中，在這裏渡過了六、七年，由於寬齋再度取得食祿，益軒又隨父移住穗波郡八木山的知行所，在這個山中渡過數年，寬永十七年（1640），益軒十一歲那年的多天，一度回到福岡，第二年春天，又隨父親移住怡土郡井原。就這樣，益軒的少年時代多半都是在博多的街鎮以及近郊地區渡過的。

三、天賦之才

從年譜上看來，益軒在七歲的時候，獨力暗記了假名，喜讀小說・草子類，又喜猿樂的俗謠，對町中流行的淫猥歌曲則不去沾染。當時的博多因海外貿易興隆而極度繁榮，色街（風化區）也就跟着興盛起來，益軒所住的地方似乎就靠近色街，可是，他沒有染上絲毫的淫風。這是由於益軒的人柄及家庭的教訓所使然吧！據說，益軒在幼年的時候就已經能夠充分理解常人無法讀懂的數字啓蒙書之一《塵刼記》，其聰明伶俐連父兄都爲之驚嘆不已。父親寬齋從博多移到八木山的第二年春天發生了島原之亂，寬齋及長兄家持隨藩主出征，留在家裏的益軒則跟着次兄存齋學習《三體詩》絕句，朝夕誦詠，讀書欲旺盛的益軒不以此爲滿足，還向人借來《平家物語》《保元平治物語》閱讀。益軒不同於其他諸儒，少年的時候愛讀小說・草子（有插畫的故事書）和軍記等書物，他在晚年，用摻了假名的文章爲少年們寫了許多稱作〈訓語〉的啓蒙書，這應該與他少年時代的讀書經驗也有關係吧！當時，益軒還閱讀《倭玉篇》《節用書》等，以培養文字的知識及和文解讀的能力。益軒最初學習《四書》的句讀是在十四歲的時候，那年，受藩命遊學京都的次兄存齋回國，益軒得以跟隨存齋學習《四書》的句讀。和其他的儒者比較起來，益軒開始

學習《四書》的年齡不免使人有失之太遲的感覺。

　　寬永十七年（1640），益軒十一歲的時候曾經一度住在父親寬齋在福岡的臨時住處，第二年春天，如前所述，隨父移住井原。在井原的時候，益軒最初閱讀了《太平記》，在下面會提到，益軒後來提倡楠公顯彰的史論，而且早於水戶光圀想到要在湊川建楠公的碑，據說這都與他少年的時候讀了《太平記》有關。益軒少年的時候，因受母親、祖母的影響而崇奉佛教，每日誦經文唱名號，後來受教於存齋而覺悟佛教之非，自此以來懷抱着排佛思想，終生唱導排佛論。他甚至在留給子孫的遺訓裏面也說，如有信奉佛教的人，不僅要陷入違背父祖心意的不孝之罪，還會成為背叛天地神明之道的罪人。

　　十四歲的時候，益軒從父親寬齋那裏得到了醫藥知識的傳授，同時自己還閱讀了《醫學正傳》《醫方撰要》《萬病回春》等書，大致通曉了醫藥之道，這些醫書都是漢文書籍，所以益軒讀的大概是它們的和印本。

四、長崎與益軒

益軒最初仕官是在慶安元年（1648）十九歲的秋天，擔任藩主忠之的御納戶御料方，取得了四人扶持（俸祿的單位）的糧餉，這是一個管理藩主衣服調度的出納的部門。那年，與父親一同隨伴藩主的參觀上了江戶，益軒一生去過江戶十二回，那年是第一次，在江戶待了幾個月後又回到福岡。在慶安三年（1650）二十一歲的時候，因觸怒忠之而被解職。益軒在忠之處供職前後不過三年，其間因觸怒藩主時遭蟄居的處分。所以，當時的益軒可以說是非常的不遇。益軒為人謙讓溫厚，忠之則正好相反，是一個剛果峻烈的人，甚至與父長政以來的元勳栗山大膳發生爭執，險些丟了封祿，所以連益軒也無法完全迎合他的意思。益軒雖然沒有獲得藩主的寵愛，不過，由於事奉藩主的緣故得以親赴長崎，而獲得了接觸中國及西方文物的機會。

在島原之亂的兩年後，寬永十八年（1641）幕府先後在福岡藩、佐賀藩設長崎警備役，派遣一千人以一年為期輪流駐守兩藩，負責長崎的警備。因此，忠之經常前往長崎地方，在那裏接觸了西方的文物，並產生了濃厚的興趣。益軒也奉忠之的命令訪問長崎，得以接觸傳入當地的中國及南蠻的文化。如前所述，益軒二十一歲的時候成了浪人，二十二歲的時候閱讀了舶來的《近

思錄》，身爲浪人的益軒在承應三年（1654）二十五歲的時候兩回，明曆元年（1655）二十六歲的時候一回，前後三回訪問了長崎，二十六歲的時候還在長崎逗留了一段時間，在這段時間裏，益軒親見南蠻及唐傳來的文物書籍，並且接觸唐通詞、蘭通詞而得以攝取中國南蠻的文化。

當時，鎖國令正在嚴格執行，而長崎是唯一的對外貿易港，那裏傳來有大陸的書籍，明末的學者文人也往來該地。益軒成了浪人以後專程訪問長崎，主要是以修習醫學爲目的，從那個時候開始益軒就立志要當醫生的。當時，有中國醫生，戴曼公（1596～1672）自杭州來長崎開業，他名笠，初習儒學，五十歲的時候跟龔延賢學醫學，後來渡海來到長崎。益軒就在第二年訪問了長崎，所以他大概也有機會跟戴曼公學過醫學。戴曼公將治療方法傳來日本，又精於書道，所以很有名，後赴岩國，將痘科奧義傳其家臣，後來隨隱元出家，將名改爲性易，字改爲獨立，獲得了松平信綱的知遇。此外，益軒訪問長崎的時候，有名的儒醫，本草學者向井靈蘭（1609～1677）應該還在長崎。靈蘭名元升，字以順，精通醫術，曾爲福岡藩主忠之、加賀藩家老前田氏以及皇子、後宮、公卿等治病，高名馳世，誠可謂一代名醫，萬治元年（1658）益軒在京都第一次與他見面，後來成了親交。元升去世後，益軒依其子元瑞之請爲他寫了碑銘（《益軒全集》《自娛集》卷七）。在此之前，元瑞曾請求柳川藩儒、安東省庵寫父親的碑銘，據說都被拒絕了。

承應三年是省庵最初踏上長崎的土地的一年。萬治二年（1659）明的朱舜水來日歸化，當時，省庵再度訪問長崎而師事朱舜水。前年，靈蘭一家移住京都（邊土名朝邦「向井元升的備

忘錄」——活水日文 2)。靈蘭不僅通醫學，還具備文學的素養。
在這以前的寬永二十年（1643），發生了十名義大利傳敎士漂流
到筑前宗像郡海上大島的事件，他們隨身携帶的天文書由葡萄牙
人澤野忠庵以羅馬字譯成了日語，後來又由靈蘭及長崎荷蘭通事
西吉兵衞改成日文，同時還加上批判，於明曆二年（1656）著成
《乾坤弁說》一書。當時的益軒是二十七歲。從這些事情看來，
益軒在長崎不但學習了醫學，還獲得了有關天文學的知識吧！
總而言之，益軒的學問是與長崎有着很深的因緣的（《貝原益
軒》）。

五、再度出仕

　　承應三年，藩主忠之去世，嫡子光之繼位藩主。光之與父忠之不同，是位溫厚篤實的賢君，勤於治政，關心文治，對文藝的興趣也很深。當時，益軒的父親寬齋任江戶邸詰。明春元年的春天，去了長崎又回來的益軒，離開福岡，登上東遊之途，爲的是要在父親寬齋的身邊以盡孝養之道。他先由海路赴大阪，遊歷奈良京都後再取道陸路入江戶，四月下旬，沿東海道而下抵達川崎，就在這個時候，益軒順從世間之風習剃髮取號柔齋，公然當了醫生。益軒在江戶的時候，與邸中諸士交往親密，江戶邸的重臣們也都對他非常寵愛，也就是從這個時候起，他的才學開始受到了藩內外的重視。益軒雖然削髮行醫，可是仍然喜讀儒書，常常走訪林家之門。當時的林羅山已屆高齡，所以，益軒去訪問的是羅山子鵞峯。第二年的明曆二年二十七歲的多天，益軒隨父西歸，歸藩後，寬齋隨即致仕。而另一方面，雖是微祿，益軒也在光之的命令下再度出仕。益軒因爲得到了光之的賞識，深受囑望信任，所以能夠如魚得水，充分地發揮他的才能。

　　益軒的領班是藩中權門，立花勘左衞門，他也非常好學，後隨益軒修習學問，二人雖然是主從關係，但是一直保持着親密的交誼。勘左衞門的祖先是筑前國粕屋郡薦野城主，丹治三河。後

從屬於粕屋郡立花山城主立花家的旗下，建立武功，第二代的宗
茂移到筑後柳河的時候，成爲家老而受賜立花姓。宗茂於關原一
仗敗退後，一族爲黑田長政所招而開始供職於黑田家。當時，三
河之子吉右衞門被賜以四千石，到了他的第三子彌兵衞的兒子的
時代逐漸取得權勢，長男當了大頭，次男平左衞門繼承家督，爲
光之所寵愛而賜姓黑田，後來當了大老。三男、四男也當了家
老。四男就是益軒出仕時候的組頭（領班），勘左衞門。平左衞
門的第二個兒子叫五郎左衞門，號實山，他也受到光之的寵愛，
在藩內的文教方面發揮了很大的才能。他也從學於益軒，是個多
才多藝的知識人，不僅博學多識，善長詩文、書道、和歌，還參
禪修行，他也是有名的茶人，徹底把握了南坊流的奧義，還探索
利體《南坊錄》的殘篇，將之介紹於世。有關其前後的經過情
形，則以現代小說的形式流傳於世。實山後來因爲計劃排去光之
的長子綱之擁立綱政的緣故，而與綱之派之間發生衝突，光之隱
居，綱政繼任藩主後，實山悲慘地結束了一生。益軒也受到綱政
的禮遇，發生了這個事件以後，益軒將加入實山反對派的門人，
柴田風山破門。由於這件事，益軒備受反對派的非難，說他依附
奸臣實山的權勢以求取功名。益軒在學問上的業績固然令人刮目
相看，可是他仍然不免有這種遭受腐儒之譏的地方。所以，從節
操上來看，益軒不免有所瑕疵，可是，作爲一個儒者，益軒對立
身處世的見解則完全是以道義爲根本，絕不曖昧。我們只要一讀
他的〈許衡論〉（《自娛集》卷五）就會很清楚。許衡世稱魯齋
先生，與吳草廬是元之二大儒，是受到尊崇的朱子學者，他因爲
屈節仕元，受到了明的丘瓊山等人的非難。但是，明初的大儒薛
敬軒却對許衡加以尊崇。益軒因許衡素行極爲謹嚴謙遜，對他的

正面評價也不少，說他是稱得上敦厚君子的儒者，可是，在節操
一事上就有不少缺憾了，益軒把許衡拿來和曲事王莽的揚雄一同
加以非難，他說：「君子之道也，雖百行敦美，苟節義有闕，則
餘不足觀也」。

六、遊學京都

　　明曆三年的春天，二十八歲的益軒依藩命遊學京都，益軒所以能夠獲得遊學的機會很可能是因為受到了立花家一族的眷顧。益軒抵達京都以後，訪問了藤原惺窩的四哲中的一人，松永尺五（1592～1657）、尺五的門人木下順庵（1621～1698）以及山崎闇齋（1617～1682）等人，並聽他們的講學。尺五當時從加賀回來，在京都的堀川教授子弟，門下出了許多俊秀之才，名聲高揚，可是，就在益軒第一次訪問他以後不到兩個月就去世了。順庵當時是三十八歲，曾在東山教授子弟，後來奉侍前田侯，不久擔任幕府的學職，是一個儒者。闇齋當時四十二歲，曾講義道學，從遊者很多。這些儒者都是性理學的大家，闇齋在益軒上京都的大約一年後去了江戶，順庵仍留在京都，所以益軒能夠與他互相往來切磋，順庵沒有門戶的偏見，是個能包容異己的儒者，他對實學也有興趣，所以能與益軒意氣相投。闇齋則對子弟非常嚴格，即使是公卿貴族犯錯也絲毫不假辭色，甚至在講學的時候，子弟因害怕而不能抬頭正視老師的臉，由此看來，闇庵與益軒不僅氣性相左，學風亦各異，因此，益軒對闇齋之學似乎沒有心契的地方。大概也就是因為這個緣故，兩人不但沒有交友關係，益軒對闇齋之學還是站在批判的立場的。比方說，益軒批評闇齋的《大

學》《論語》的訓點說，有不盡如吾意處（〈與竹田春庵書翰〉
——九州史料刊行會發行、《九州資料叢書》益軒資料集五、書
翰集下），又如，對闇齋的《朱子感興詩註》及易說等，益軒有
下面的批評：

> 感興詩註甚疎謬。凡山崎所著之書不善也。（《益軒資
> 料》四·書翰集上）
> 山崎柯（闇齋）所謂立易說乃無用之事，用論孟之學，講
> 述彝之道乃急務也。（同）

益軒曾說：

> 蒙大君之恩生太平之世，逢堯舜之仁，至白頭不見干戈。
> 是為大樂也。（《益軒全集》卷三《樂訓》）
> 凡人心有得自天地之大和元氣，是人之生理也。如草木之
> 生生不息，吾心中亦有生命之源，安和喜悅之生機源源不
> 息，名之曰樂也。（同）

從上面的文章可以知道，益軒把「樂」當作是自然的生之理(同)，
所以他是一個謳歌天下太平的樂天主義者。如他所說：「無事身
輕，安於貧賤」，他所說的「樂」原來是「清福」的意思，（同。
《白娛集》清福十二章說」，這是人心固有之物，存在於天性之
自然，生之理的循環中，而且要求與人同樂（同）。
益軒在三十五歲的時候就已經在廣泛的領域裏熟讀了中國、日本
的實學書六十部，可見他很早就對實學懷抱了濃厚的興趣。也就

是因爲這個緣故，益軒始終堅持至正至純的高遠理想，以崇高深
遠之道爲目標，嚴肅地面對現實，並主張求道在於深潛縝密，精
絕至切的體認和存養的工夫，所以，他與拘泥於門戶之見，激烈
非難其他朱子學的闇齋之間不能相容也是當然的事吧！

　　益軒的遊學京都是從明曆到萬治、寬文的大約七、八年間。
當時，京都除了有上面所舉的儒者以外，還有與林羅山、堀杏庵
等人在詩文上有來往的惺窩的門人石川丈山、以經世之才聞名的
中江藤樹的門人熊澤蕃山、以及唱古義學，批判程朱學的伊藤仁
齋。有關益軒與仁齋的關係將在後面詳述，二人似乎曾經一度會
面，議論學問，但是大概意見不一致，後來就斷絕了往來。丈山
和蕃山都是當時的名儒，可是，益軒卻沒有去訪問他們。關於這
件事，《益軒先生傳》（《益軒全集》卷一）裏有下面的記述：

　　　　丈山九十歲的時候去世，當時益軒是四十三歲。益軒遊學
　　　京都的時候，丈山還健在，可是，益軒的記錄文裏不知何
　　　故，完全沒有論及丈山，丈山曾發誓不渡鴨川，幽棲於洛
　　　外的詩仙堂，在那裏結束了一生，大概因爲這個緣故，益
　　　軒和丈山就失去了見面的機會吧！蕃山是在益軒第一次遊
　　　學京都的前一年脫離了岡山池田家的士籍，在京都住了十
　　　年後上了吉野山。益軒開始崇奉程朱之學是在他三十六歲
　　　以後，在這之前，他是親近陸象山、王陽明之說而主張朱
　　　陸兼用的，而且，他似乎曾經將蕃山的老師藤樹的著書加
　　　以抄寫而經常閱讀，所以，益軒對於藤樹門下第一人才，
　　　著名的陽明學大家，蕃山的事情當然是應該有所論及的，
　　　可是，令人費解的是，和丈山的情形一樣，益軒對蕃山也

是完全沒有提及的，推測一下的話，藩山雖然捨去大藩家
老的職位而高踏勇退，可是他聲望蓋世，與他交往的都是
名公巨卿，朝廷高官也須以禮事之，他不像一般的儒者一
樣，開私塾教授子弟，所以，像益軒一樣身份低的人不容
易獲得和他見面的機會吧！

益軒遊學京都的時候，堅守朱子之學而同時又是知名的實
學者的中村惕齋（1629～1702）也在京都，二人相互往來
而成了親交。

　　前面已經說過，明曆三年因藩命遊學京都的益軒，在同年的
秋天，又奉藩命前往江戶，在江戶待了四個月，在這段時間裏，
益軒聽了林鷲峯的《易學啓蒙》的講義。益軒渡過大約六年的京
都生活以後，於寬文二年（1662）的春天，三十三歲的時候歸藩，
可是，在同年的秋天，又隨光之上了江戶。從那個時候開始，
益軒的儒者名聲漸爲人知，來聽講的人也多了起來。寬文四年
（1664）的春天，三十五歲的益軒啓程歸藩，途中參詣了兵庫湊
川的楠公墓，那裏雜草叢生，墓塚荒蕪，幾乎無法辨認，而且連
墓碑也沒有，深感今昔之別的益軒原來計劃在那裏建一座碑牌，
但是自覺卑微之身無法勝任而終於作罷。不過，他寫了〈楠公墓
記〉（《自娛集》卷三），把楠公比作蜀漢的諸葛亮、唐的顏眞
卿、宋的范希文、司馬光、文天祥，說他的忠義勇知不愧爲日本
的英俊，墓記中寫道：

　　若夫愛君憂世之心。足以動天地感鬼神貫人心耀古今。聞
　　公之風者百世之下莫不感激而仰慕，非公之忠誠豈能如此

乎。可謂眞大丈夫也。惜乎舉世唯知其爲良將。而未知其
爲賢哲也。

接着，益軒提到了放棄建碑的理由。益軒又寫了〈楠公敎子圖
贊〉（《自娛集》卷七）：

> 勤王之志，千歲有光。遺子遺訓，百世流芳。

　　水戶光圀建楠公碑， 水戶學派、 崎門學派諸儒顯彰楠公忠
勇義烈是在這以後的事，〈益軒先生傳〉裏對這件事有下面的記
述：

> 因《太平記》久爲人讀之故，知楠公者不可謂不多，但多
> 以其爲戰場智將。《太平記》記此，僧踈石的梅公論予以
> 評價，此外，還有給他以多少有價值的鑑識者不絕於後。
> 但是，把他從《太平記》中檢出，站在儒敎的見地予以讚
> 美，以《通鑑綱目》流的史眼給以稱揚，說楠公是日本史
> 上第一流人物的，益軒是第一個人，光圀爲楠公建碑是二
> 十年以後的事。

　　益軒因爲愛讀《太平記》，又讀過朱子的立王道霸道之別，
站在大義名分的立場論南北朝正閏的《通鑑綱目》，所以他才會
有感於楠公的忠誠而想到要爲他建碑的吧！明的遺臣朱舜水來長
崎的時候，光圀請他到水戶來，一般認爲水戶光圀的勤王思想就
是受了朱舜水的影響，不過，益軒對楠公的景仰也或許間接地對

光圀產生了影響。因為，貞享二年(1685)，奉光圀之命編纂《大日本史》的佐佐宗淳（助三郎）為蒐集資料來了筑紫的太宰府，同時，益軒受藩命事先調查文書，將重要的資料集中於太宰府，再把這些資料提供給宗淳，就在那個時候，益軒大概向宗淳說到了菅公、楠公的事吧！然後再由宗淳傳到光圀的耳中也是很有可能的。

七、對朱子學的信奉

　　益軒在寬文五年（1665）三十六歲的時候開始信奉程朱之說，在《年譜》（《益軒全集》卷一）裏，對其經過情形有如下的記述：

> 嘗好陸象山之學，又亂讀王陽明之書數年，有朱陸兼用之意。此歲（寬文六年）始讀學部通辨，遂悟陸王之非，盡棄舊見全信程朱之說，純如也，蓋尚書論語乃聖人之所說，以此比陸王之說，雖有齟齬之所，然歸向之處大異也，故益信濂洛關閩之正學，直欲沂洙泗（孔子）之流，專心致志，晝夜刻苦講學最勤。

益軒早年修習朱子學，他的經書講義也大致以朱子學為本，根據上面的記事，他三十歲前後讀陸王之書而非常喜好，此後數年之間他似乎是站在朱陸兼用的立場。

　　後來，益軒又傾向朱子學而建立了作為一個朱子學者的自信的大約是在他三十九歲，四十歲，也就是寬永八、九年的時候。

　　三十九歲那年的一月，益軒著《自警編》，在這本書裏，益軒收集了古來儒者的規戒並且加上自己的申論，當時的益軒大概

已經決心以儒者自任了吧，益軒再度開始蓄髮是在這年的七月。
三十九歲的益軒又著了《大學綱領條目俗解》《朱子文範》《近
思錄備考》，四十歲的時候著《小學句讀備考》。《近思錄備
考》與《小學句讀備考》二書提高了益軒的朱子學者的名聲。

　　根據《玩古目錄（讀書目錄）》，益軒在四十歲以前所讀過
的書籍總數大約有三二〇部之多，其中漢籍約二五〇部，和書約
七〇部，漢籍網羅了經史子集，而以有關朱子學的書最多，當中
不僅有宋元明時代的東西，也有《藤原惺窩文集》《林羅山集》
等江戶初期的朱子學大儒的著作。我們也能看到陽明學者中江藤
樹所著的和書《翁問答》。此外，還有朝鮮首屈一指的朱子學
者，對江戶時代的朱子學，尤其是崎門的朱子學影響很大的李退
溪的著書《朱子行狀註》《朱子書節要》《自省錄》等。

　　從《玩古目錄》我們可以知道，益軒從幼年到三十五歲所讀
過的書籍數是二四〇部，其中有關儒學方面的東西包括有宋元明
時代的有關性理學的書物，而且有關朱子學的很多，裏面也有有
關陸王學及批判陸王學的東西。概觀益軒讀書的順序，最初以關

註　《玩古目錄》的最初的部分是益軒的高足竹田春庵所寫的，後面的
　　部分才是益軒寫的。井上忠氏所編集的《益軒資料》中收錄了兩種
　　《玩古目錄》。一種收藏於貝原家，並不是完全的本子，另一種則
　　是收錄完全的本子。前者是先網羅了從幼年時代到三十五歲所讀過
　　的東西，再把接下來所閱讀的書名依年代順記下，同時記下各年
　　代的部數以及到當年為止所讀過的書籍的總數，　直記錄到寶永六
　　年，八十歲的時候，最後的總數是一一〇〇部，這以後的東西沒有
　　記錄。可是後者除了收錄了前者所舉的東西以外，還列舉了從寶永
　　七年八十一歲到正德三年八十四歲之間所閱讀的書物，只是未按年
　　代順記錄。

係朱子學的最多，接下來讀了有關陸王學的書籍，然後再讀陸王學的批判書。

在有關朱子學的書裏面，值得注意的是，益軒在三十五歲的時候已經讀過了薛敬軒 (1389～1464) 的《讀書錄》、胡敬齋 (1434～1483) 的《居業錄》、羅整庵 (1465～1547) 的《困知記》等要把程朱二元論的世界觀轉換成一元論的明初修正朱子學者的著作。後面還會提到，羅整庵的《困知記》中所論述的理氣一元的思想對晚年的益軒的儒學思想及實學產生了直接或間接的影響。與陸王有關的書有《象山集要》《傳習錄》《王陽明全集》《王龍谿全集》《王陽明則言》等，根據《年譜》加以推察的話，這些書大概是在三十歲左右的時候讀的。當時，如前所述，益軒抄寫了日本陽明學的始祖中江藤樹的著書，同時，對藤樹的人品學術加以評估，說他有大功於日本的學術界。總之，在當時，益軒對藤樹似乎是十分尊信的。益軒對陽明的《傳習錄》好像非常感興趣，他在《玩古目錄》的書名下記上「看了十二遍」。他所以會如此心儀《傳習錄》也許是因為他對藤樹的學術感到興趣的緣故，同時也因為他讀了《王龍谿全集》而開始強烈的關心陽明學的緣故吧！益軒讀《傳習錄》的時候也正在讀這個龍谿的全集。龍谿是陽明的高足，提倡主旨顯明的良知說，給人以深刻的印象，他主張良知隨時隨地以一種完全的姿態存在於我們身上，而且是不摻任何雜物的絕對的東西，就像「有」之相對於「無」，「無」之相對於「有」。所以，如果要靠艱辛和累積的工夫去獲取的話，則反而會陷入相對論的世界中而不能免去矛盾和葛藤，因此必須當下直悟，世稱良知現成說。龍谿強調良知的現成以及直悟與自信的重要，給當時的人很大的影響，他的學說終於普及

到廣大的民衆，風靡了明末的思想界。其亞流雖然產生了各種弊害，不過，在補救當時已經形式化的立腳於高遠理想的朱子學以及由此所產生的支離煩瑣的弊端上，龍谿的學說無疑發揮了很大的作用。陽明的良知說固然有功於挽救朱子學的流弊，而王龍谿等現成派的儒者較陽明說更向前一步，提出了良知的現成，不假外求的主張，所以比陽明說更能打動人心。藤樹所以會傾心於陽明的良知說，也是因為最初讀了龍谿語錄的緣故。如果藤樹沒有讀過這本書的話，他是否會棄朱子學而轉向陽明學是很值得懷疑的。從這件事加以推論的話，益軒也可能先讀了龍谿的書才開始注意陽明學說也不一定。即使是先讀陽明的書再讀龍谿的書，而龍谿的書仍然是直接間接地促使益軒接受陸王學的重要因素之一吧！

　　王門的王龍谿和王心齋是現成派的巨匠，可是，益軒似乎沒有讀過《心齋集》，不過他讀過私淑龍谿的心齋派儒者羅近溪的《明道錄》。近溪也和龍谿一樣，具有瞬間引人入悟境的妙手；總之，益軒讀了龍谿和近溪的書以後，對陽明學就更加關心了吧！前面已經說過，藤樹因受龍谿語錄的啓發而轉向陽明學，可是他畢竟沒有迎合龍谿等人的現成說，益軒也接受了陽明學，而他也沒有附從現成說。這大概是因為他們預見了現成說末流的猖狂之弊，看清了他們的易簡直截、徑捷頓悟的心學將會產生惑亂天下人心，混淆聖人之學的弊害吧！只是，益軒與藤樹不同的是，藤樹從朱子學轉向陽明學而益軒則採取了程朱與陸王兼用的立場。而且，益軒後來認為良知現成派末流的弊害乃起因於陸王學而對其加以排斥，關於這件事，我們從荒木藤左衞門秀成給益軒的書翰（《益軒資料》六・雜）中可以看出來。

先年，鄙生信用象山陽明之學，蒙教示改正甚多，然不肖
至愚，不能受納朋友之教示，益信彼說得聖學正統，顏子
明道之旨意，而以聖人之工夫無他。其後熟翫《四書》，
披考明儒之末書，識得彼說害聖意自然之趣之甚，深惡痛
絕，至為不快。知明儒好陸王犖之非，對其源流，心生疑
念，遂半信半疑渡日，其後，經學荒廢，日夜弄兵學送光
陰。遂折衷古來具道之正邪，惟於本末先後，體用輕重，
或好奇好正之解上下工夫，因以渡日，不知不覺，隨兵術
之長進，見識豁然開朗，從容得悟舊學之非，陸王易簡直
截之說迷天下後世之甚，陷聖道於塗炭之非。始悟程朱格
物窮理之學固為大中至正、聖學之正統。於此得知仁友之
高識至為肯實，終身之慈恩難計，舊日他岐之迷，自是自
驕，拒人之忠之罪固不勝枚舉。

當時，益軒並沒有立即捨棄程朱學轉向陸王學，而採取了程
朱與陸王兼用的立場，最後終於排斥陸王而專信程朱，關於這件
事的理由，我們從他的讀書閱歷上再來作一次檢討。

益軒三十歲左右開始對陸王學發生興趣，而後來主張朱陸兼
用的原因是，他一方面認為陸王學也有可取之處，一方面對學習
過的朱子學已有相當的體悟，同時，關心實學的益軒無法離開與
實學有不可分的關係的朱子學固然也是一個原因，而益軒曾經閱
讀過明初修正朱子學者的書物也是其中的原因之一吧！明初的修
正朱子學者雖然依從了朱子學居敬與窮理並進的主張，可是他們
更進一步有以二者為一體而以居敬為本的傾向，同時，如前所
述，他們也有修正朱子的理氣二元論而主張理氣一體的傾向。這

樣的朱子學與朱門陳北溪等人明確嚴格地區別朱陸的朱子學是趣旨各異的，可以說是在無形中向着陸王接近的朱子學，前面已經說過，益軒在三十五歲的時候已經讀了明初朱子學者薛敬軒、胡敬齋、羅整庵的著作，同時還讀了倡朱陸同異論，對當時已經衰微的陸學表示同情的明初朱子學者程篁墩的《心經附註》，這是必須注意的事，這本書是對朱門再傳的儒者眞西山的《心經》所施的附註，眞西山曾著《大學衍義》，顯揚朱子的〈全體大用〉之學。據說他除了《心經》以外還有《政經》，前者編集了聖賢論心的格言，再附上諸家之說以爲註，末尾附了《四書》的贊一首。後者以經典中的治政論爲經，再攙雜史實以爲傳，末了記載當時的政事六條，並附錄了西山的歷官、公牘（官府的往來文書）告諭。陳振孫的《書錄解題》中認爲《政經》是僞書，不論其眞僞如何，將《心經》和《政經》相互對照參考來看的話，全體大用之學就更爲明瞭了吧！只是，眞西山的全體大用之學從他的《大學衍義》中也能充分把握。明丘瓊山爲此書寫了《補》，加以衍伸說明，總之，說到西山的全體大用之學，如前所述，《政經》和《心經》同樣是不可少的，可是，篁墩却只爲《心經》施注，這大概是因爲他傾心於陸學所致吧！益軒讀這個《附注》讀了數次，而且好像是在讀陸王的書籍以前讀的。這大概也是益軒開始注意陸王心學的一個契機吧！

　　益軒雖然對《傳習錄》產生了很大的興趣，可是，他不像藤樹一樣完全轉向陸王而採取了朱陸兼用的立場，這大概是因爲他不能完全滿足於陸王學的緣故吧！這從他主張朱陸兼用的時候，他的講義採用了《小學章句》《大學章句》《中庸章句》《論語集註》《孟子集註》等與朱子學有關的東西作爲資料這件事上也

可以推知一、二吧！

　　不過，益軒後來捨陸王學而專門信奉朱子學似乎與他讀了馮貞白的《求是編》及陳淸瀾的《學蔀通辨》等陸王批判書有密切的關係。貞白站在朱子學的立場，不僅批判老莊佛敎，還批判了陸王，他說朱陸兩學「關係當今之道術」而論述兩者之別，並加以褒貶，只是，他對陸學的批判不及對王學的來得嚴厲。朱子以陸子之學爲告子之學，並且嚴厲的批判說陸子之學是禪。貞白認爲陸子之學是以告子的不動心爲其根本，告子之學起源於孔門別派原憲。陸子、告子、原憲都堅持主張心之不動性，貞白認爲與禪的濶大驚怪比較起來，他們的學問有其慤實細密的地方，不過，貞白對王學的批判是非常嚴峻的，他認爲朱子的格物窮理之學是聖學的致用之學，也就是有益於現實社會的東西，儒敎和老莊佛敎之別就在於這種致用之學的有無，由於這種致用之學有上下精粗之別的緣故，所以又產生了包容內外體用的眞正的渾一之學，然而，老莊佛敎和陽明的心學執一廢百，則反而失去了眞正的渾一之道，因此而陷入偏頗混淆，終致背反了聖學的致用之道。在這裏，貞白列舉出《傳習錄》中諸條，再從上面所述的朱子學的立場，對它們作各種論駁。益軒後來也對老莊佛敎及陸王加以批判，這不僅是受了下面要說到的陳淸瀾的《學蔀通辨》的影響，剛才所提到的貞白《求是編》的批判論也必定對益軒產生了影響的吧！所以，益軒在給竹田春庵的書翰中才會有下面的敍述：

　　　求是篇乃排陸王之好書。可涉獵也。學蔀通辨亦務必費心思也。

　　不過，促使益軒排斥陸王而純守朱子學最有力的還是《學部通辨》吧！貞白雖然是站在排陸王的立場，可是，前面也說過，他對陸學不如對王學來得嚴厲，而且，他認為王學也有不出朱子學範圍的地方，所以他的批判論與清瀾苛刻的批判論比較起來是屬於溫和的。陽明及其門人以致良知為其學說的宗旨，當時已有朱子學的大儒羅整庵出來加以批判，與他們發生論爭，這是眾所周知的，而在陽明沒後，朱子學者呂涇野還對其加以批判，在王門之中也有像王順渠一樣批判老師的學說的弟子。此外，當時還有陶庸齋的《王學演說》、林國輔的《講余》、張古城的《陸學訂疑》、徐養齋的《讀書劄記》、李大經的《衛道錄》《大學稽古中傳》等批判書問世，可是，其中批判得最尖銳，最激烈，而給後世以莫大影響的要算《學部通辨》的批判論了，這本書在王學蔓延的明末，鼓舞了朱子學者的人心，而成了清初朱子學勃興的原動力。清初的朱子學者陸稼書也著了同樣的異學異端辨，可是，却使人有拾他人餘唾的感覺。

　　清瀾否定了所有的朱子學與陸學的同異論，明確地指出兩者的差異，再以此為根據排斥王陽明及老莊佛教，而尤以對陸學批判最力。

　　宋明儒者所以會擁有深入內面的儒學思想，當然是因為受了老莊佛教等異端的刺激，再以它們為反面的媒介，揚棄以人倫為本的古代儒教，而將其根源歸於內在心性的緣故！清瀾認為，聖人之學是從仁義禮智等德性上去追求心的本體，朱子之性學屬之。老子、莊子、列子、禪等異端則是在虛靈的心的妙用，亦即「神」上去尋求心的本體，陸王及同派的心學屬之。清瀾以陸王的心學專注於養「神」一事，而論斷這種心學為「養神一路」，

而且，過去的異端辨析所以不徹底就是因為忽略了對這種本源的考察，清瀾痛切地論述了〈養神一路〉的內容、方法和弊害，明示異端之學的本質，而加以徹底的批判。

清瀾首先論及佛教在中國的變遷，從罪福輪廻到識心見性，再從識心見性到改頭換面，是所謂的三障，末了論述佛教對儒學的影響的軌跡，先有儒佛本同末異論，再轉變為陽儒陰佛論，陸學就是陽儒陰佛論，接著，清瀾又論述了陸學在朱陸同異論上所產生的影響的軌跡，從褒陸貶朱論轉變為朱陸早異晚同論，最後轉變為陽朱陰陸，陽明學就是陽朱陰陸。清瀾的這種異端辨雖然是繼承了宋胡致堂的《崇正辨》、明葉子奇的《草木子》、胡敬齋的《居業錄》、霍渭厓的《象山學辨》、羅整庵的《困知記》崔後渠的《序揚子折衷》等的系統，可是，清瀾認為自己的異端辨指認了陸學的「養神一路」的本質，給了陸學以致命的打擊，對過去的朱陸同異論者之說作了尖銳的批判，這是他的異端辨的特色。清瀾異端辨的目的其實就在於弄清楚朱子異端辨的本質，可是，他認為朱子的異端辨仍然不免有不完備的地方，雖然如此，清瀾還是給了朱子的異端辨以很高的評價，他說，傅太史的〈武德疏〉不過得其皮毛，韓退之的〈原道篇〉得其肉身，程明道、伊川兄弟算是顧到了全體，到朱子出來才大功告成。在朱子以前，王安石、張子韶站在佛教的立場解釋經書，程門諸子也從佛教的立場解說《中庸》《大學》，可是，自從朱子排斥佛教以後，這樣的經解書不再通行於世，同時，永嘉、永康的事功派及蘇氏之學也因此而衰微，儒佛同異論也消聲隱跡，自此而後，士大夫不問佛門。只是，朱子的異端辨仍沒有擊中陸學的骨髓命脈，以致於造成了吳草廬、趙東山、程篁墩等人出來提出朱陸同

異論，所以，如果不徹底斷定陸學乃立腳於〈養神一路〉，則不能暴露其爲禪學的本質，也無法揭發他們陽儒陰佛，以假亂眞的面目。清瀾的異端辨還有一個特色，那就是站在激烈的民族主義的立場來批判佛教，他根據歷史，敍述佛教帶給中國的禍害，對時世懷抱着深度的憂患意識，這又成了清初朱子學的勃興以及基於民族主義的王學辨難論抬頭的一個原因。（以上參考拙著《王陽明與明末的儒學》第八章）

上面敍述了清瀾《學部通辨》的要旨，從這裏我們應該更清楚盆軒爲什麼讀了這本書以後才覺悟到陸王之非，從而捨棄朱陸兼用的態度而轉向純守朱子學的理由。在盆軒的文集《自娛集》卷七裏有題爲〈陸象山論〉的小題文，文中，盆軒提到了他排斥陸學的理由，現在把要旨記述如下：

陸象山豪邁穎悟，超絕衆人，是古今英傑，然性格偏僻、疎放、曠達、矜高，不知謙讓，自負聰明，不知取人之長以補己之短，故朱子謂其氣量狹小。學問亦粗略不精，以朱子格物窮理爲支離破碎而主張一超直入，故朱子非難其爲禪。雖然象山的理論無一句取自禪說，可是，從他的學問和心上來看，是禪無疑。象山認爲孔門有若之說支離分散，漢文帝則不過是《論語》所謂之鄉愿，皆不入堯舜之道，反而尊宋王安石爲賢者，並非難程伊川嚴肅的學問態度，謂其有蒙蔽本心之弊。這些都是偏見，有若之說古來有謂近似聖人之言，並無支離之處。漢文帝能接納忠諫，故朱子稱讚他爲三代以來的恭儉君主，王安石雖然才高過人，然一意孤行，有誤天下，其陰險處誠足惡也！伊川學

問公明正大，其論說親切適確，縱有剛嚴之嫌，仍不失為賢哲之學者。象山與人相反，好人之所惡，惡人之所好，有悖人性。雖才性勝人，然學行甚為偏頗奇異，誠足惜也！

如上所述，益軒從朱陸兼用轉而只信奉朱子學，可是，後面會提到，他到了晚年開始對朱子學產生疑問，概觀來看，益軒是否稱得上是朱子學者呢？也許，我們說他是純粹的朱子學者不如說他是修正朱子學者來得比較合適。一般說來，德川時代的儒者，或宗朱子學，或宗陽明學，或互為揚棄，或互相折衷，呈現出非常複雜的景象。日本古學也有相同的情形，這或許部分是由於那個時代的儒者同時承受了宋元明儒學的緣故吧！

八、對藩老的諫言

　　益軒和東軒夫人結婚是在寬文八年（1668）三十九歲那年的
春天，從京都歸藩的時候，經過四個月後重新開始蓄髮，同時，
受藩主光之賜名久兵衞，這是與祖父相同的名字，累進奉祿是二
百石。這完全是光之的信任寵愛所賜。那個時候，益軒陸續寫了
有關朱子學的著書，　講義也頻繁進行，　四十歲的時候已是名聞
京都、江戶的大儒。寬文十一年（1671）四十二歲時的冬天，益
軒奉命編纂《黑田家譜》，寬文十二年（1672）的秋天，擔任光
之的三男，　也就是後來的世子綱政的侍講。　益軒曾於寬文二年
（1662），在光之出府途上，於船中爲光之進行講義，又在寬文四
年（1664）爲當時的幼君萬千代，也就是後來的綱政讀《小學》，
寬文六年（1666）夏天，受光之命爲綱政進講《孟子》的「人皆有
不忍人之心」，寬文九年（1669）秋天，任世子綱之的侍講，並
曾受命出府。當時綱之素行不檢，推舉益軒當他的侍講的據說是
會津侯保科正之。正之是將軍的親藩，當時以山崎闇齋爲侍講，
對他非常敬信，是一個篤修學問，有賢君之譽的大名。綱之於延
寶三年（1675）遭到幽閉，綱政被立爲新世子，益軒也當了他的
侍講。

　　益軒雖然屢次受命爲藩主、世子的侍講，爲他們講義書物，

可是並沒有直接關與藩政，只是蒙他們的眷顧和信任，專心講義學問而已。不過，延寶三年，益軒自江戶歸藩以來，藩內發生世嗣廢立的問題，操縱實權的立花家與反對派之間發生抗爭，財政也陷入困境，藩政多事，藩內並不太平。當時，關於立花家的專權議論紛紛，苛酷的稅收又使得怨聲載道，益軒在表面上雖然超然世事，專念於講學和著述，可是畢竟難以抑制憂世之情，他上給對自己有恩義的立花一族封書四篇，陳述自己的建策和諫言，後人稱之爲〈益軒先生諫言錄〉、或〈益軒先生與宰相書〉，並且謄寫傳世，後收錄於《益軒全集》卷三裏。四篇裏面的前二篇是寫給立花兄弟的，其中第一篇是寫給勘左衞門增弘的，日期是延寶七年（1679）八月六日。前面已經說過，勘左衞門原來是益軒的組頭，後來昇進爲家老。第二篇是寫給其兄平左衞門重種的，日期是延寶八年（1680）三月四日。平左衞門是受藩主賜姓黑田的大老。這兩兄弟都受到光之的寵愛信任，長期處於執政的職位，富才幹，是藩的重臣，與益軒交誼深厚。後二篇是寫給黑田三左衞門一貫和黑田重時的，前者的日期是元祿三年（1690）三月五日，後者沒有寫日期，一貫出身宰職首班，重時是蒙藩主綱政信愛的家老，二人都對益軒相當地禮遇。從這四篇上書可以略窺益軒在政治上的見解，以下就記述其中要旨。

（一）　給勘左衞門的上書

益軒首先稱讚藩主爲當代第一賢君，說他的德政治事「恐更勝於堯舜仁政」，可是，近來仍然上有大身小身的藩主，下有百姓町人對藩政加以批判，這些人都是不知對藩主感恩的無知之

輩，就好像不知父母大恩的不孝子一樣，這實在是凡夫之常態。不過，他們的議論當中也有公論，所以，在上者應該留心聽取他們的意見，反躬自省，分辨善惡才是最重要的，接着，益軒把常思己過，廣取衆議，不以低賤廢其言，「取人之善」的古代聖王堯舜禹湯的例舉了出來：

> 諸位在上者無論具有多大的賢才，又問心無私，仍然難免有無心之過，故不得仰靠一己之心思知慧，而須廣取衆議，捨惡從善，古人亦有言，人非聖人孰能無過，有過能改善莫大矣。賢人者猶多過矣，或以吾身盡善而無過不稍疑，故不用在下者之説，則無論其聰明才智如何勝於人，古來無善例焉。稍事議論者反以自恃其才者為病矣，……，孔子有言，聰明睿智者以愚聞過，虛心聞受人言，更擇善惡於我心之中，用善捨惡是大智矣！古語亦言，禦寒無勝於加裘，……，然堵人之口非防誹之道也，……，唯勤修吾身使不犯過，則誹自息也。古書亦有言，堵民之口猶甚於堵水，堵水水潰則損必大矣，故治水者開水道以導之，治民者開言道使言之也。……，在下者稍有誹上之議固大不義也，然不以上抑下之誹，反予接納，則可為自修之助，下之誹亦不堵而自息也。

諫言殷切而誠懇，接下來論及藩的財政經濟政策。

（二） 給平左衞門的上書

這也可以算是一封諍諫書，開頭引用了許多《易》《尙書》和漢董仲舒等的古訓，表示了和第一篇開頭地方相同的意思，接著，詳細地舉出世人對平左衞門的誹謗的內容以期促成他的猛省，誹謗裏面有關係到平左衞門的品行的，也有關係到財政政策的缺失的，前者的大略如下：

1. 爲了避免別人的誹謗而將政事委託於人，自已則耽於遊樂。
2. 拜領加祿却怠於政事。
3. 在背後說人壞話，不當面說。
4. 以好惡取人，好者予以行政上的便宜，惑於諂媚，不知吟味人心之善惡。

（三） 給黑田三左衞門的上書

此上書敍述了藉着振興學術以匡正風俗，再建國政的必要性，益軒認爲國家之治亂決定於政事之良莠，政事之良莠則決定於三綱五常之有無。所以，欲使國家治平必須先藉學問以明此道，益軒說，學問之道須注意下面三事，第一，學問的目的在修養己身，第二，愼擇師友，第三，處事謙讓，屈己待人。爲政者首先不僅自己要修習學問以求道，還必須使別人也修習學問，近年來學問荒廢，讀經書，論義理者反遭嫌惡，人心風俗衰頹，捨武藝忘武備，不聽從上面的儉約令，放縱奢侈，糾正此一風氣爲

明公之責任，應不顧世人之毀譽，振興學問以匡正風潮。只有這樣做才能不傷人子，適應天地之心，並報答其恩惠。

（四）給黑田重時的上書

此上書切論了「萬物一體」之道及保全民生的重要。在上者為人民父母，救助萬民是天賦的使命，近年的政治只在下奪民財，毫無恩惠於民，在財用不足的時候也許無力厚待萬民，但是，至少要努力地免於非道，否則的話，就會違背天道，遭受天罰。下面是論述「萬物一體」之道的地方。

> 天道生養萬物，舉凡人我天下國家人民皆天地之子，俱我兄弟也，天地乃人民萬物之父母，故人物蒙其厚恩，又人既為天地之子，為人一生固以奉仕天地為其職分，就如同人子居家固以事奉父母為其職分一樣。故生於天地者平生不得違背天道，而以奉仕天地為要，奉仕天地之道無他，固在悲憫天地之子也。

接下來具體而詳細地敍述了下民窮困之狀態，並提出了救濟的必要和方法。

當時，藩的財政窘迫，二代藩主忠之的浪費及栗山大膳事件使藩的財政陷於窮境，連藩士的薪餉也無法順利支付，當時，採行了從藩士的薪餉中借入十分之一的借知制以補財政之不足，但是並未十分奏效，光之將其停止，期藉儉約令以渡過難關，可是這也沒有什麼效果，因此風傳可能再度實施借知制，於是益軒對

過去的借知制加以批判並提出理想的借知制，說明緊縮財政的必要及發行藩札之利。（詳見井上忠氏《貝原益軒》（149～153頁）

此外，益軒對黑田重時也陳述了學問的必要，而且說明學問必須是有用之學：

> 所謂學問者，固在治身，尤在治人，治國之道，是所謂有用之學也，有用者有所實用也，亦卽上述治身、治人、治國之事，實用之學又謂經濟之學，經濟者救治也，亦卽治世救人之學問也，除此之外之學問皆無用之事，甚或有害也。

上面敍述了實學的重要，有關益軒的實學論將在後面詳述。

九、君主之道的提倡

　　憂心時勢的益軒，不僅向家老進諫，建議對應的方策，還於
天和二年(1682)十一月二十一日，五十三歲的時候著《克明抄》
(《益軒全集》卷三)，論說人君之道，獻上給光之。孟子所謂
的「格君心」如果就是一個仕宦儒者的使命的話，那麼益軒在書
中說的也就是這個道理了，他在書中敍述的與過去許多儒者的論
述沒有什麼太大的區別，不過，他分成六項，以日文作了非常簡
潔明瞭的說明。第一節說到學問的必要性，第二節是學問的方
法，第三節提到改過的必要，第四節說的是知人的重要性，第五
節論述賞罰分明的重要，第六節提出辨明人倫的必要性，現在就
把要旨記述如下：

1.　君主之學問以修身及治人為根本，而不在閱讀書物以記
　　熟文字。所以，如不以修身治人為本，雖博學多識，精
　　於諸藝，秀於文才，也只是俗學而已，是無用之末事，
　　修身必須正心及堅守五倫之常。治人則必須確立上下的
　　秩序，保持心裏的公正，起用善人，遠辟小人，賞罰分
　　明，明辨善惡，以民心為心以施仁政。
2.　學問貴在知曉修身治人之道並付諸實行，知與行如同車
　　之兩輪，鳥之兩翼，缺一不可，知要在通曉古今天下的

道理上下工夫，捨去個人的知慧，吸取衆智以獲得大智。君主首先貴在知人，知人雖然困難但必須勉行，知人必須具備分別正邪善惡的明和拋棄私心的公，這是知人的鏡子。用人須起用才德兼備，才智俱全的人材。才與德之間應以德爲先，才爲後，行貴在有誠意。

3. 聖人也有過錯，知過不改卽是惡，故爲人必須反躬自省以改過，在上者必須常思已過，虛心接納諫言，勿堵衆人之口。

4. 人君務必分辨臣下的正邪善惡，否則臣下不盡忠職守，國家也無法治平。這是關係一國治亂的大事。

5. 賞罰公正則臣子生忠義之心而努力爲善，畏懼法度而不爲非作歹。養善抑惡靠國之法，立法須重信用。賞罰分明，法度確立，則國威得以發揚光大。

6. 所謂人倫之道就是遵行父子、君臣、夫婦、朋友的五倫之道，在此五倫之道以外求道則是異端，知五倫之道而不付諸實踐的話，則卽使讀破千萬卷書也不是眞正的學問，不能成爲眞正的儒者。五倫之中，事奉君主、父母之忠孝之道爲人道之大節，而其中以孝爲根本。愛撫臣下萬民，體恤國民者爲君主之孝，孝始於事親，奉仕君主平治國家也是孝的內容，愼身揚名，彰顯雙親祖先之名是爲大孝。君主得居高位享大樂乃先祖之勞苦所賜，故必須潔身自愛以不忘此大恩，致力於對天下之忠節，垂萬民以仁心，使無一人不得保全其生，使子孫繼其位，這是君主之孝。

上文中，益軒敍述了以孝爲本的治國之道，切論感恩的重

要，這實在可以說是益軒治道論的根本，益軒政治思想的特色也就在這裏吧！

十、周遊諸國

　　前面已經說過，益軒奉藩命編集《黑田家譜》，花費了十七
年的歲月，在貞享四年（1687），五十八歲的時候完成。第二年
的元祿元年（1688），獲得編纂《筑前續風土記》的許可。益軒
於是跋涉筑前的村落，蒐集資料。其後，遊京都，遊覽洛外及近
畿名勝，與京都大儒重溫舊交。萬治、寬文年間，提倡程朱學的
碩學大儒會集於京都，可是，到了元祿的時候，儒學的中心逐漸
移向江戶，只剩下伊藤仁齋父子仍然留在京都，唱古義學一吐氣
炎而已。當時，益軒已是公認的儒林第一流的老大家，在藩內備
受藩主、家老的尊崇，是德高望重的黑田家老臣，在這段時間裏
面，益軒一方面專心著述，一方面還擔任君主的侍講，也在家中
講學。

　　元祿五年（1692）六十三歲的夏天，益軒奉命前往江戶，於
是由海路先赴播州的室津，上陸後，在往江戶的途中，遊覽了山
陽近畿東海各地的名勝，到了江戶以後，與當地的大儒會面談
論，並且參觀了孔廟大成殿，三個月後上京都，在京都受到公卿
貴紳的禮遇。在當時，以一藩的儒臣，受到如此的禮遇是很特殊
的例子。在京都待了三個月，同年冬天，從大阪取道海路歸藩，
益軒往來江戶前後共十二回，這次是最後一回。

元祿七年（1694）六十五歲的夏天，益軒觀光了豐前豐後，同年多天遊京都、攝津，在京都大約待了半年，其間還曾參拜過天顏。歸藩後不久，因年老之故請求辭職，但是沒有獲准，反而受賜別墅，加增知行百石，並且從組頭升爲使藩。當時他雖然仍然是侍講，但是他把精力主要是用在著述上。

元祿十一年（1698）六十九歲的春天，和東軒夫人及下男下女主從共九人巡遊京都地方，在元祿四年（1691）六十二歲的時候曾經和夫人一同旅行過京都大阪，所以這回是第二次和夫人一同旅行。在這次的旅行當中，平靜地探訪了名勝古蹟，賞玩了春夏秋多的風物，弄花月，浴溫泉，還與故友舊知歡談終日，而且和前回一樣，受到了公卿縉紳的篤厚禮遇。在京都待了一年半，於元祿十二年（1699）七十歲的秋天歸藩。益軒前後訪問過京都二十四回，這次是最後一回。

寬文二年（1662）三十三歲那年，從京都遊學回來的益軒得到了藩主篤厚的信任，奉命頻頻往來於江戶、京都之間，又爲了調查研究而旅行各地，傾全力於著述編纂的工作。他還利用空閒的時間寫了不少旅行各地的紀行文。益軒在經濟上不算富裕，前面說過，他往來江戶共十二回，其中九回沒有從藩主那裏拿旅費。此外，他上過京都二十四回，其中有一回上京的旅費是向朋友借的，有一回在京都向朋友借了旅費歸藩。他每次往來京都、江戶的時候都準備了送人的土產品，不過，他平常生活儉約，除了旅費以外，據說沒有向人借過錢。

益軒的紀行文收錄在《全集》卷七中，包括有《京城勝覽一卷》《京城勝覽拾遺一卷》《吾妻路之記一卷》《日光名勝記一卷》《木曾路之記二卷》《有馬溫泉記一卷》《有馬溫泉記追加

一卷》《扶桑記勝八卷》等。讀了這些紀行文，我們可以知道益
軒巡遊過一些什麼地方，而且也可以看出來益軒的興趣是多麼地
廣泛以及他是如何地博學多識。這些書都是研究當時的地誌所不
可缺少的資料吧！

十一、晚年的著述及臨終

　　元祿十三年（1700）七十一歲的秋天，益軒辭去職位，把家督讓給嗣子重春，專心從事著述。大概就是在這年的十二月九日所寫的給竹田春庵的書翰中有下面的一段話：

> 拙者之事也，蒙恩惠以任學問，不辭勞苦，幸得長壽，使述作之書得以留世也。尚有下筆中書多種。（《益軒資料》五、〈書翰集〉下）

當時已有京都大阪的書店要出版益軒的書，可是他似乎在書寫上遇到了困難，上面的書翰接下來是：

> 幸有京都大阪書店之知人數人，希望印刷拙作之書，不識書店亦聞言而來，……老眼昏花，一冊書尚且難以寫成，始知平生述作傳世之難，甚憾也。

當時的出版界似乎非常歡迎益軒所寫的百科事典一樣的書物。有關益軒著書的評價，我們從下面的《元祿太平記》的一段文章中可以推察一、二。

近日，費神於和國故事，著和書多數者有松下見林、貝原篤信，同好古者也，彼等俱博文廣才，然所著之物不得普用於世，何故也！蓋右之諸人以博學故，所述見識亦高人一籌，故雖以假名書，外行者不以為有趣也，又初學者少讀和書，中等以上之學者又不讀此類書，是為滯銷之道理也，中以貝原氏所集之和爾雅、歲時記、和漢事始等為易銷者，八幡本記、諺草、日本紀名、初學知要等不易銷也。（引井上忠氏《貝原益軒》）

　　益軒在他晚年的十多年之間，大約著述了多達四十部的龐大數量，這一方面也是出於立腳於萬物一體觀的益軒對庶民的關懷吧！

　　寶永六年（1709），益軒到達米壽之年。那年秋天舉行了祝賀的宴會，同年除夕，門人竹田春庵作感懷詩一首贈益軒，詩中有「殘編滿案間，堆書萬卷望」的句子。這兩句詩勾畫出了晚年埋首萬卷書中，專心讀書和著述的益軒的姿態。見了春庵詩的益軒，以其正得我意，讚賞不已，正月三日，回了春庵下面的書翰：

　　芳牘薰讀，猶納新□，感銘多多，樂加祝慶，前日出城之後早早來賀，感喜不少，又蒙惠示今歲初除夕之新詩，情意雅端，愛不釋手，就中殘篇滿案間及堆書萬卷望之句，同得做家之意也，除夕之佳作之末句，誠不得已也，鄙生元來短拙於詩歌之作，得玩賞如此新詩，既無自作之費心又得以遣興懷也。衰殘之後，猶不自作矣。

益軒爲狩野昌運所畫的自己的肖像畫作了自贊如下（《自娛集》
卷七）

> 樸陋之質　衰朽之軀
> 引鏡自照　彷彿畫圖
> 玩古不倦　屆老更娛
> 千慮所得　庶幾此語

這也可以看出益軒晚年讀書研究的姿態。

益軒過了八十歲仍然珍惜寸陰，致力於讀書和著述。他給大
阪儒者五井持軒的書翰中有下面的話。

> 僕年旣踰八十，仍未能除去文字之結習，每宵讀書至半
> 夜。性雖愚劣，近日稍得見解，吾子如有討論意，盼寄書
> 翰來。（引《益軒先生傳》）

益軒寫給獨佔出版他八十四歲時的著書的京都的書店，茨木太左
衞門方道的書翰中有下面的一段話。

> 鄙生語錄改名愼思錄。夏日至今，盛暑之節，事皆不順
> 心，近頃體力稍繼，遂思有所作爲，因老人困憊之故，讀
> 書之速度不如往昔矣，然仍日夜讀書下筆未嘗斷也，近日
> 讀單記，一日十四卷不怠也。

可見益軒到了晚年，讀書力仍然很旺盛，誠足驚嘆。

　　益軒著述的大部分是在他的晚年二十年之間所進行的，《筑前國續風土記》是在元祿十六年（1703）七十四歲的時候完成的，《五常訓》《君主訓》《養生訓》等所謂〈訓類〉主要是從元祿十六年七十四歲到正德三年（1713）八十四歲之間著作的。使益軒聲名遠播的《大和本草》的完成是在寶永六年（1708）八十歲的時候。文集《自娛集》作於正德二年（1712）八十三歲的時候。有名的《愼思錄》《大疑錄》作於正德四年（1714）八十五歲的時候，也就是他去世的那年。

　　正德三年（1713）十二月二十六日，益軒八十四歲的時候，結縭四十多年的愛妻，閨秀學者東軒夫人與世長辭，使益軒的投藥及悉心的看護付諸東流。益軒當時在年齡上、身體上都屬於衰退的時期，再遭如此不幸，老境更形淒涼，過了年，健康仍然不佳，終於病倒在床，自知死期將近的益軒，據說，對着到病床來看望的老友宮川忍齋述說了自己的身體情況以後，誦詠了《源氏物語》的〈宿木之卷〉的「欲暫求心安於今世而不得如願矣！」的句子。《大疑錄》的完成就是在這年的六月，是抱病寫成的。此後病情惡化，自知再起不能的益軒作了辭世七絕二首及和歌一首，安祥地與世長辭。

　　　　平生心曲有誰知
　　　　常畏天咸不欲欺
　　　　存順波寧雖不克
　　　　朝聞夕死豈足悲
　　　　幼求此道在孤懷
　　　　德業不成宿志乖

　　八十五年成底事

　　讀書獨樂此生涯

誠然是一世儒者的辭世詩，

　　往昔歲月如同昨夜

　　八十餘年像夢一場

這首辭世的和歌洋溢着東洋的情調。

　　益軒死後一個多月，宮川忍齋寫了〈貝原先生追悼文〉（《益軒資料》六·雜），一年後，門人竹田春庵寫了墓誌銘，銘文是：

　　恭默思道，窮精造微。以愛物為己務，事天而不欺，韜藏則愈顯，謙退而更輝，遺訓存策，後學永依。（引《益軒先生傳》）

　　益軒不像伊藤仁齋、山崎闇齋、荻生徂徠一樣，大事開設私塾教授子弟，他似乎並不喜歡為人師，所以，他的門人不多。〈雜記〉（《益軒全集》卷三）中列出了門人的名字。其中藩裏面的有黑田一貫、立花勘左衞門、鶴原正林、久野正三郎、竹田助太夫（春庵）、鶴原新年、立花唯之進、貝原　之進（恥軒）以下四十二名，他國的有黑川慈庵、向井元端、五井加助、谷如春以下另列了十六人的名字。在〈雜記〉所記的名字以外，還有鶴林九皐、櫛田潀、櫛田涉、古野文軏、神屋亨以及香月牛山、稻

留希賢等人，罵益軒爲阿附權貴的腐儒而被破門的柴田成章（風山）也是其中之一。

十二、理氣一體論

　　益軒的儒學思想裏面包括三個具有特色的理論，那就是理氣一體論，以報恩感恩爲本的萬物一體論以及神儒一體論。此外，如果益軒的實學是在他的儒學思想的延長線上的話，那麼，我們可以說益軒是把儒學和實學看做是一體的。這裏也表現了益軒儒學思想的特色吧！事實上，後面也會提到，益軒的實學和他的儒學思想是具有不離一體的關係的。

　　《易》以太極爲生成宇宙的根源，益軒認爲太極是由一種渾沌不分的氣所形成的，是諸物生成之理的根源所在，太極的動靜產生陰陽，陰陽的流轉又生成了萬物，此流轉有條不紊，恒常不變，這是它的本來面目。這就是《易》中「一陰一陽是謂道」裏面的道。宋儒所說的理就是指在氣的流轉上是自然而有條理的。因此，所謂太極和道，所謂道和理，名字雖然各異而實際上都是同樣的東西，而且，所謂道和理是陰陽裏面的同一物而不是各別存在的東西。所謂太極，所謂陰陽也來自氣之流轉的有無。簡言之，就是氣的本身了。以上是益軒的理氣一體論。他對宋子及宋儒的道器二分論、理氣二元論加以批判。比方說，朱子站在生成論及價值論的立場主張理先行於氣，理氣雖然相卽但根本上是分離的，道是形而上，陰陽是形而下的東西，道器分別是形而上

下，對朱子的這種學說，益軒提出了他的批判。益軒固然排斥以老佛的空無爲本的周子所謂的「無極而太極」論，他也不同意朱子的以太極爲理，陰陽爲氣的理氣別論。因此，益軒反對朱子把太極和陰陽分別爲理和氣，形而上和形而下的學說，而贊成陸象山的太極論及羅整庵的理氣一體論。這是很明顯的事。益軒認爲氣之常正爲道（理），變亂爲非道（理），這是他理氣一體論的根本思想。

站在同一立場，益軒提出性就是生之質，也就是氣質而已，而反對宋儒把性分爲本然（天地）之性與氣質之性的理論。益軒認爲性善是氣質之常態，性惡是氣質之變態而強調性爲一元的看法。宋儒把孔子的「性相近」的性認作是氣質之性，把孟子所說的性善的性認作是本然（天地）的性，益軒對這種近似有二性的看法加以非難，而同意羅整庵基於性一元的理一分殊說。此外，益軒也批判了宋儒的持敬論、性卽理說，理不滅論。（以上參照《大疑錄》）。他提出了對宋儒之說的懷疑，

> 宋儒諸君子皆賢哲也，其學術性行超越常人。是漢唐諸儒所不能及也，然其說幾近佛老，可疑處亦甚多也。（《大疑錄》）
>
> 孟子之後，宋儒之學固義理開明，且性行謹正，是真儒也。然其說過於詳細，偏於分析，是其病也，故不同於孔孟渾融之說也。（同）

益軒雖然排斥宋儒的二元論，可是他也指出宋儒的理論使常人明瞭了理與道的可貴而對宋儒理想主義精神的價值予以肯定，這是不容忽視的。

十三、神儒一體論

日本的中世儒學操縱於僧侶手中，到了近世，也就是德川時代，儒學才從他們的手中脫離出來，開始有了獨自的發展。而且，由於受到中國大陸排斥佛教的宋明學的影響，日本也開始排斥佛教。德川時代的儒者，一般對佛教雖然給以激烈的批判，可是對神道並不排斥，還有像益軒一樣進一步倡導神儒一體論的人，其中也有像山崎闇齋一樣，以儒學為本開發了新的神道的人。

益軒的神儒一體論在和文的《神祇訓》（《益軒全集》卷三）中有詳細的敍述，不過，將其要旨作了明快的敍述的應該要算用漢文所寫的《神儒並行不相悖論》。現在將其要約如下，以說明益軒神儒一體思想的精神。

> 天地之間道一而已，故人道即神道，神道即是天道，非有
> 二也，苟有與天地神明之道不同者，即是非人道也。夫我
> 神道晃清淨誠明平易正直之理，乃人倫日用之常道，其為
> 教也，易簡而不煩不巧，易則易知，簡則易從，其說雖似
> 淺近，然其中有深妙之理存焉，以是正心衍厚人倫，則天
> 下和平，而災害不生。非如彼方外之流，絕滅倫理，遺棄

綱常，說妙說空，衒奇夸怪之比也。是我邦上世以來，所
傳要道，而不待借乎外也。中世以來，聖人之典籍流入我
邦，其道與吾神道無異，而其為敎也，廣大悉備，精微深
至，以可輔翼邦敎，發明於神道，故學神道者，亦不可不
學聖人之道。蓋神敎固是易簡之要訣，得其要者一言而盡
矣。故雖不待求乎外，然得儒敎之輔翼而其理益明備矣。
故謂神道無假於儒敎而自立則尚可也，謂儒敎無輔翼於神
道則不可也。

中國與日本禮法各異，蓋禮法有水土古今之宜，隨時隨處
而不相同者，自然之理也。故雖三代聖王之制，又迭相為
沿革損益者，順時宜而變改之也。況吾邦之距於中國幾千
里，今世之去往聖幾千年。其俗絕異，其時懸隔。今之學
者不察於人情漸變，以中華上世之禮法，無所斟酌去取。
槪為可行之本邦之今世。豈可為識時宜乎。是世俗之所以
嫉惡於儒敎。而聖學之益湮晦也。中庸有謂，孔子亦曰，
道必順時宜。本邦與中國同道而異俗，故雖聖人所作之禮
法，不宜於我邦者亦多矣。學儒者順其道而不泥其法，擇
其禮之宜于本邦者行之。不宜者而置之不行。然則神儒並
行而不相悖。不亦善乎。

浮屠之說本是偏僻，其道以絕滅天理為則。不我神道不
同，猶冰炭薰蕕之不相容也。然我邦自中葉彼之說盛行。
其徒桀黠者，以我國俗尊神之故，往往混雜之，以謂，神
佛一理而異本迹，欺詐百端，附會牽強，誣瀆神明。古來
學神者，往往拙乎文字，故信彼欺罔之說，不能辨其非。
且依倚于浮屠之說而立其敎。舉世迷而不悟，咸陷彼機詐

之術中。可勝歎哉。蓋人無私心而後好惡當於理，今也學
神者以謂，儒教是外國之道，非我邦之所宜，拒其禮法。
學儒教者，以吾邦神教之法，有殊于中國者，併排其道。
名之為異端之流說，更互為喧呃。是豈可謂好惡無私而得
其公正乎哉。

《易·觀卦象傳》中有謂「觀天之神道，不忒四時。聖人
以神道說教，天下服」。天之道使天之運行有條不紊，並生育萬
物。故天道神妙真實，無絲毫虛妄。天道即神道，以誠為本。
聖人依神道而行，並將此神道教給天下之人，故聖人所教即為神
道。天下人對其信服並遵從，此因天道誠之故也。這是益軒的理
論（《神祇訓》）。這也是益軒主張神儒一體的理由。要言之，
由於天道具有神妙的性質而導出了天道即神道的結論。因此，益
軒把日本的神道看做與《易》中所說的神道是同一物，神道也就
是天道。如前所述，天道所以神妙，是因為它真實無妄的緣故，
聖人依從天道，行之以誠敬，這就是人道。因此，天道、神道、
人道原為同一物，而並不是各別的三樣東西。所以，捨人道而追
求天道神道是違反自然的本旨的。如果不盡人道而求於天祈於神
的話，則反而成了一種冒瀆的行為。

　　人道的內容包括仁義禮智信的五常和父子之親，君臣之義，
夫婦之別，長幼之序，朋友之信等五倫。這些雖然都是日用常行
之道，但是由於是本於天道和神道之故，所以於平淺中見深妙。
如果我們的行為違反了以這些人倫為本的人道的話，我們就無法
遵守天道，崇奉神道，所以，道是天人合一，神人合一的。佛教
捨棄人倫而傳播虛妄的神妙深遠之道，益軒認為這是佛教與聖人

之道， 神人之道根本不同的地方。 益軒就這樣的倡導神儒一體
論， 排斥神佛調和之論。

益軒認爲， 中國原爲聖人治理的國家， 而日本是由神人治理
的國家。 所以， 日本是神國， 日本爲什麼會產生神人呢？ 原因
是， 日本的國土偏東， 而東方爲四方之始， 是陽氣初生的地方，
所以是產生萬物之本， 充溢着神靈之氣， 因此， 這裏的人具備了
許多神靈之德， 而產生了許多神人。 又因爲日本是陽氣始萌的地
方， 故人心溫和順正， 易以道制御， 人們自然地依五常五倫之道
而行。 所謂神人之道的神道， 原來是「以誠心爲本， 清淨眞誠地
處事之道」(《神祇訓》)， 換句話說， 神道就是本於誠以追求正
直清淨的簡易之理。 不過， 這是不言之教， 並沒有以語言記載
於書物上， 只是知於心而行於身而已。 所以沒有神經（神道的經
典）一類的東西。 然而在中國則有聖人出來以言語說道並且記於
書物上， 所以出現了聖經一類的東西， 也就是所謂的《四書五
經》。 益軒認爲《四書五經》中把人道說得很詳細， 可是讀了這
些聖經反而能夠了解日本的神道。 益軒以聖經爲神經， 以儒教爲
神道的輔翼。 這也就是爲什麼要學習《四書五經》的理由， 他
說：

> 神道卽天之道， 亦卽人之道也。 我日本之號稱神國， 乃位
> 於世界之東方海中， 神靈之氣充盛， 故其人多行神靈之德
> 事， 無外夷之頑劣， 不與禽獸同故也， 其實， 日本固無獨
> 占神道之理， 唐土聖人之道亦卽神道也。 我上世之書， 神
> 代卷， 舊事紀、古事記等爲記載上古事之史書。 然欲知我
> 國之神道， 須求諸唐土聖人之道也， 日本之神道乃不言之

教，無書也。唐土之聖經即是神經。因天地之間，道一而已也。（《神祇訓》）。

十四、對朱子學的疑問

　　前面已經敍述過，益軒年輕的時候是一個朱子學者，名滿京都、江戶。益軒的朱子學穩健堅實，近似中村惕齋，不過，惕齋也曾經指出來過，益軒的朱子學有稍嫌博雜的地方。惕齋對益軒之學下這樣的評斷是在益軒七十歲左右的時候（《益軒資料》六·雜、惕齋給益軒書翰），可是，這種傾向在《近思錄備考》中已經可以看到。

　　此書是中國日本《近思錄》最初的標注本，中國學者也對它非常重視，不過仍然難免有博雜之嫌。比方說，從書中把朱子的成說與修正朱子的理氣先後論的明初修正朱子學者薛文清的《讀書錄》中的學說相提並論一事也可以推察一二。（《益軒全集》卷二、《近思錄備考》卷一）

　　晚年的益軒開始對朱子的成說產生了懷疑，結果著《大疑錄》指出他不能贊成朱子等宋儒之說的地方，而開始對他們的學說加以批判。因為益軒認為他們的學說是以佛教老莊為根本的而對他們的學說產生了很大的疑問。原來就對佛教老莊採取批判態度的益軒，晚年因常讀佛書，所以更深切地感覺到他們的弊害，這也是其原因之一吧！這個看法已經由太宰春臺的門人，繼徂徠的《弁名》之後著《續弁名》的森蘭澤(1722～1777)提出來過。

（寫本《大疑錄》跋）

益軒說：「宋儒幾近佛老，可疑處尚多」（《益軒全集》卷二，大疑錄）。既是儒者又是實學者的益軒，排斥佛教老莊應是當然的事。關於益軒的佛老批判論，在這裏不加介紹，詳細可以參考寫本《慎思續錄》中的〈論佛篇〉。

對於益軒晚年的著述，我們需要注意的有三點，第一，他寫了許多所謂「訓語」的和文的啓蒙教養書，第二，著作了龐大數目的實學書，第三，著《大疑錄》記述了類似古學派的朱子學（朱學）批判論。我們如果通讀了一遍益軒的「訓語」以及其他的啓蒙教養書，我們會發覺益軒對道學（程朱學）的看法，想法非常正確，毫無偏固之處，可是，在欣欣向榮的樹木底下，自有其生命來源的根部藏於黯晦的地中有待人去發掘，而益軒的學說似乎缺少這種尋根探源的深靜的工夫，這不能不說是一種遺憾。所以，他雖然論及到朱子所謂的「智藏」，可是卻難免使人有忽略了朱子的深潛縝密的「本領一段的工夫」的感覺，不過，把精力灌注於實學上的益軒，對朱子的這種深潛內面的工夫，主靜的真切體認，唯理的形而上學感覺到疑惑而加以批判，也似乎是當然的事。

註　益軒雖著《大疑錄》，但並不樂意公諸於世，大概怕被人誤解爲背叛朱子學而崇奉異學吧！他的門人也很體諒他的用心而未將此書示諸於人，益軒死後經過了三年，竹田春庵（1661～1745）好像把這本書拿給荻生徂徠（1666～1731）看，徂徠在給春庵的書翰（《益軒資料》六・雜）中有下面的話：

　　始聞大疑錄之事，蓋千里之外，有先得吾心者。不佞於是不勝欣躍也。《大疑錄》後來經過五十年，由徂徠的門人大野北海予以刊行。關於益軒的門人把此書隱藏起來而未公諸於世的理由，森蘭

益軒究竟是從什麼時候開始對朱子學感到懷疑呢？ 在刊本
《大疑錄》中有下面的記述：

> 予幼誦朱子書，尊其道服其敎，然對不解處旣生疑思，審
> 擇之，至今猶不阿其所好，惟有俟他日之開明也。

他似乎從很早的時期就開始產生了疑問。

益軒在給他的親友，朱子學者谷一齋（1625～1695）的書翰
中（《益軒資料》六‧雜）提到，他在四十六歲左右已經對程朱

(續)澤的看法是，這是因爲益軒的門人認爲此書一旦問世，則益軒心血
之著述將一舉而歸於烏有的緣故。蘭澤說這完全是婦人之見，他本
人對《大疑錄》贊賞不絕，他說：

> 《大疑錄》一書蓋出類拔萃之見，博學篤志之所使然也，有不
> 待文王而興之物卽此書也。於不朽之業此書足矣。（《大疑錄》跋）

《大疑錄》有刊本和寫本兩種，寫本是由竹田春庵所抄寫的，
比刊本多一一三條，文句也多少有所不同，在內容方面雖然沒有太
大的差異， 可是寫本比刊本在論說上較爲詳細， 可作參考。「自
序」寫於正德三年（1713）八十四歲的時候，春庵的抄寫本中記著
「寶永八年（1711）寫了」，所以，《大疑錄》大概就是在這一年
完成的。

此外，益軒另著有《愼思別錄（一名愼思外錄）》，益軒在給
春庵的書翰中有提到這本書的地方，

> 附愼思別錄一册。鄙意盡見於錄中。不可以此書示他人。以免
> 人以異學視之也。（《益軒資料》四‧書翰集上）

此書翰寫於元祿十四、 十五年左右， 益軒七十三、 四歲的時
候，所以這本別錄應是《大疑錄》以前的東西，所以稱作《愼思別
錄》大概是因爲益軒在著述《愼思錄》的時候，把平常對朱子學所
懷抱的疑念別記下來的緣故吧！《別錄》之論雖然與《大疑錄》的
刊本和寫本有出入的地方，不過，總共也只有五、六條而已。

之論感到了疑惑，而且也多少觸及到內容方面。一齋在回信中指出益軒之論類似仁齋的理論，並表示了反對的意見。（同）

　　從《大疑錄》的〈自序〉看來，益軒明確地自覺到對朱子學的疑問是在他過了五十歲以後的事。益軒在五十歲前後給春庵的書翰（《益軒資料》四・書翰集上）中說：「惣先儒之說，鄙意所不解多矣」。從《玩古目錄》我們知道，益軒在五十六歲的時候讀了明末吳蘇原（廷翰）所著有名的朱子學批判書《吉齋漫錄》以及他的《甕記》《櫝記》等。七十六歲的時候讀了郝楚望（景山，1558～1639）的《時習新知》。這些書都直接間接對仁齋等人的古學派發生了影響，對益軒也同樣有所影響。

　　如衆所周知，朱子對宇宙生成論，本體論以及追求本體的工夫論裏面的理與氣，太極與陰陽、道與器、性與氣、心與性、性與情、天理與人欲、道心與人心、未發與已發、動與靜、本然的性與氣質的性等問題，採取了二元論的看法，集宋學之大成，而樹立了道學。朱子所以倡導二元論的世界觀，目的在揚棄佛老虛無之學及功利派之學而重建儒教的理想主義，因爲，佛教老莊的虛無之學雖然具備了純粹性及包容性（全體性），却缺少社會性及現實性，相反的，功利派之學則具備了社會性及現實性而缺少純粹性及包容性。

　　益軒雖然尊崇朱子，可是他所重視的是朱子學的社會性及現實性的一面，前面也已經說過，他提倡有用之學而排斥佛教老莊的無用之學。從這個觀點來看，以朱子學爲中心的宋學畢竟着重在靜的工夫上，是唯理的形而上學，因此，仍然不能免去佛教老莊的虛無無用的陰影。益軒對朱子學、宋學產生大疑的理由可以說就在這裏吧！所以，他對宋儒的太極無極說，主靜說、靜坐

說、性卽理說、本然氣質二性說、理氣二元論、性理不滅說、明
德虛靈不昧說、天理沖漠無朕說、體用一源顯微無間說等理論加
以批判，說這些都非孔孟之道而是淵源於佛敎老莊之東西（參照
拙著《宋明哲學序說》《大疑錄》《自娛集》卷六《愼思錄》卷
六──《益軒全集》卷二）。比方說，益軒舉出了下面的例子，
周濂溪的「無極而太極」之語是出自唐杜順的《華嚴法界觀》，
程伊川的「體用一源，顯微無間」之語是出自清涼國師澄觀的
《華嚴疏》，而都是浮屠（佛敎徒）所說的話。

　　由於上面的原因，益軒開始認同反對陽明良知說的明中葉朱
子學者羅整庵的修正朱子學。整庵以朱子學的精神爲體，在體用
說、道心說、未發已發說上採取了二元論的立場，在這點上益軒
雖然對整庵不滿，可是，整庵排斥陸王一派的唯心論，主張理氣
一體論，又從這裏出發提出理一分殊說，而且站在這個立場對程
朱張子之說加以批判，在這方面，益軒對整庵的評價是很高的，
他對整庵不阿諂宋儒而修正他們的學說一事表示了他的贊嘆如
下：

　　　羅氏雖尊程朱爲師，然不阿其所好，所論處最正確，爲宋
　　　季以下諸儒所未言及。誠豪傑之士也。薛瑄（薛敬軒）、
　　　胡居仁（胡敬齋）二子雖稱明儒之首，然其所見亦不及欽
　　　順（整庵）遠矣。（同）

　　從上面這段話可以看出益軒之學是接近整庵的修正朱子學。
如果光從朱子學批判這一方面來看，他第二個接近的應該是《吉
齋漫錄》的作者吳蘇原（廷翰）吧！只是，蘇原雖然沒有全面否

定朱子學，可是，就如同他自己說的一樣「余敢斷然以氣爲主」，他的學說具有強烈的以氣爲主的傾向。所以，蘇原雖然主張唯氣的世界觀，從理氣一體的觀點對朱子的理氣二元論的世界觀加以批判，可是，從唯氣這一點來看，與整庵、益軒的修正朱子學仍然是有所不同的吧！此外，益軒的朱子學批判雖然與郝楚望（景山，敬）的《時習新知》，伊藤仁齋的《中庸發揮》《論孟古義》《語孟字義》《童子問》以及山鹿素行（1622～1685）的《聖教要錄》《配所殘筆》等說有近似相通的地方，可是，從他們是唯氣的這一點來看，與益軒所取的立場仍然是不同的。不過，這些唯氣思想家的朱子學批判論對益軒的朱子學批判論產生了直接間接的影響是不容否認的。只是，如果對益軒的學術思想不作全面性的考察，又沒有充分理解《大疑錄》的精神，而只是看了益軒的朱子學批判論就斷定他是一個古學派的儒者，這不能不說是有欠公正的。益軒對朱子學的根本精神究竟有多深的了解？雖然見仁見智看法不一，可是，益軒在感情上尊崇朱子，又接受了朱子理想主義精神的洗禮，而且，後面也會說到，他的優秀的實學理論，從某一個角度來看不外是繼承發展了朱子學的窮理之學，從這幾方面加以考慮的話，我們應該可以知道益軒是多麼地接近朱子學的精神。

朱子從本體的立場來看認爲先有理然後有氣，又從禀受的立場來看則認爲先有氣然後有理，總之既沒有無理之氣，也沒有無氣之理，可是，他也排斥理氣渾然一體的看法，他認爲在價值上兩者是有先後之別的，因爲，理爲至純、至精、至善之物，如果不加以嚴正地把握的話，就會使理陷入純駁善惡相雜的狀態，結果威脅到理的嚴存，這樣一來，理對氣就無法保持積極指導的地

位 。 朱子基於唯理的立場提倡理氣二元論， 因此他不同意程明道、邵康節的渾一的立場，這完全是因爲朱子站在理想主義的立場而痛感俗學及功利之學的不純之故。不過， 如果我們充分理解朱子所說的理的指導性的眞意的話，我們也就能理解朱子一方面論述理氣之別，一方面又必須提倡二者不可分的理由了。因爲，理離開了氣就無法成爲實理而淪爲空理，成爲佛敎老莊的虛無寂滅之物，喪失現實性及社會性，也就失去對氣的指導的權威，而無法保持它原有的地位，朱子所以對張橫渠、邵康節的象數論表示關心也就是因爲這個理由，也因爲如此，所以朱子不僅强調深切緻密地存養心性， 眞實地認識實踐人倫道德的重要， 還在禮制、官職、救荒、經界、天文、地理等人文、社會、自然各方面作了格物窮理的工夫。

後面還會詳細的說到，益軒以推動實學爲使命，在這方面開拓了獨創的分野，這也是他以朱子的窮理之學爲基礎，再使其深入精緻，另開一面的結果。此外，在研究方法上，益軒也留下了令人刮目相看的成果，而這也可以說是來自朱子學中合理精神的產物。所以，益軒晚年對朱子產生大疑這件事，從某一個角度來看，也可以說是他基於朱子學中合理的精神而對朱子學加以重新考察的結果。在這個觀點下，益軒之批判朱子學並不是爲了排斥朱子學，反而是出於對朱子學的尊重，換句話說，益軒應該算是朱子學的功臣，總之，不論在儒學上也好，在實學上也好，益軒都深受朱子的恩惠，益軒本身是有這種感覺的，因此，他在《大疑錄》中提到朱子，說：「敬之若神明，信之若蓍龜」。他認爲卽使是朱子之說也應該信其所當信，疑其所當疑，不曲從阿諛才是報答朱子無窮恩義的正途，因信而生疑，這才是公平無私的態

度，要能作到這幾點才能算是朱子的忠臣。所以，益軒對明末清初的異學之徒，不顧朱子恩義，「操戈入室」的作法給以嚴厲的責難。（《大疑錄》《自娛集》卷三、四）

　　我們可以說，益軒身爲宋儒之徒而對宋儒感到懷疑，在另一方面，雖然對宋儒感到懷疑而又不失爲一個宋儒之徒。所以，太宰春臺評益軒說：「誠奇士也。……僅疑此（宋儒）而已，至今未誹也」。提倡古學而徹底批判宋儒的春臺對益軒有這樣的看法應該是當然的事吧！仁齋也對宋學產生了懷疑，可是與益軒不同，他是要克服宋學而加以排斥的。

十五、對仁齋古學的批判

　　益軒最初與首倡古學的伊藤仁齋見面是在寬文五年（1665），三十六歲的時候，當時的仁齋是三十九歲。同年，山鹿素行的《聖教要錄》刊行，書中批判了朱子學。也就在同一時候，仁齋想通過九州柳川的安東省庵的介紹以師事渡來長崎的明遺臣朱舜水而未獲成功。同年七月，朱舜水接受水戶光圀的招聘東上，此外，崎門學之祖，山崎闇齋受到會津的保科正之的招聘也是在這一年的三月，當時闇齋是四十八歲。第二年的寬文六年（1666），素行流放赤穗。提倡古文辭學，對朱子學大加批判的荻生徂徠也就是在這一年出生的。

　　益軒與仁齋的相會似乎是偶然的，寬文五年六月十二日的益軒的日記（《益軒資料》一〈寬文日記〉）中有下面的句子「往二條邊，初與東源吉（仁齋）會」。根據〈寬文日記〉的記述，益軒在寬文七年（1657）七月十九日似曾造訪仁齋，可是，日記中對當時的情形沒有作任何的敍述。寬文八年（1658）三月六日，三十九歲的益軒與小倉黃門（左中將凞季）、木下順庵的門人米川操軒、神道家的八尾淡室、伊藤仁齋以及醫者某訪問了山形右衞門尉的家（〈寬文日記〉）。當時雖然進行了學問上的議論，可是益軒與仁齋似乎意見不合，仁齋子東涯在〈題貝原翁及

妻某氏之字帖〉（《紹述先生文集》卷一五）中，對此事有下面
的記述：

> 前時海西有巨儒，曰省庵先生（安東省庵）、曰損軒（益
> 軒）先生，先人（父仁齋）之於省庵也，雖至今未識，然
> 竿牘往來，每相推重。之於損軒子也，曾會於一縉紳家而
> 不得契也。

益軒與仁齋在學問上意見不合，這從當時二人的學風來看應
該是當然的事。根據〈寬文日記〉中所記，益軒在初遇仁齋的七
天以前，曾經講義眞西山的《心經》。這與當時益軒主張朱陸兼
用的立場是互相吻合的，同年，益軒閱讀了陳清瀾的《學部通
辯》，這本書在益軒純守朱子學的決心上產生了很大的影響。這
件事大概是發生在益軒與仁齋第一次見面以後。益軒與仁齋在學
問上發生議論是在益軒三十九歲的時候，他們初次見面則是在他
三十六歲的時候，其中大約經過了將近三年的歲月，益軒在三十
九歲的時候採取的是純守朱子學的立場。

仁齋最初修習了朱子學。在寬永十九年（1642）十九歲的時
候讀了《延平答問》而傾心於伊洛之學，於是日夜鑽研《朱子語
類》《四書或問》《近思錄》《性理大全》等有關朱子學的書物。
二十七歲的時候讀了朱子的《敬齋箴》深受感動而作〈敬齋記〉，
接着寫了〈太極論〉。二者都是在記述以宋學爲本的理論。二十
八歲作《性善論》，接着寫了〈心學原論〉，根據東涯所說，兩
者都是精研宋學奧義的東西。只是，後者強調心學之要，以稍帶
禪及陸王的口吻加以闡述，比方說：

求六經於六經未作之先，則六經之理得焉。求六經於六經
旣作之後，則六經之理失焉。（《古學先生文集》卷二）

以禪的口吻闡述儒學的心法，同時，和陸門的楊慈湖一樣，舉出
《孔叢子》（〈證問篇〉）中的「心之精神是謂聖」的話來：

蓋心之精神，不疾而速，不行而至，以言乎遠，則不禦。
以言乎邇，則靜而正。其可不謂之聖乎。故自盡其心，則
無深不入，無遠不到，無幽不照，無微不通。至矣，其復
何言。（同）

讀了上面這段話，使人感覺他在爲慈湖做代辯的工作。雖然仁齋
遵從了朱子學，可是從上面的話看來，他似乎也在暗中受到了陸
王及禪的影響，那年，仁齋突然罹病，所以隱居起來專心讀書，
當時，他讀了王陽明及王門左派羅近溪的著作，有時還親近老莊
佛教，修習禪的空觀，領悟了九想中的骨想〈白骨觀〉，也就是
無常之理，修得視人體終歸成爲白骨之行，（《古學先生文集》
行狀）。萬治元年（1658）三十二歲的時候著〈仁說〉，取號仁
齋。雖然〈仁說〉裏面也敍述了和宋學一樣的性情體用論，可是
不像朱子一樣將性與情，體與用加以區別。比方說，朱子將仁義
禮智和四端（惻隱、羞惡、辭讓、是非）加以區分爲性與情，仁
齋則主張仁義禮智合稱性情，不可專以性（理）來論。所以，他
在說到仁的時候只用愛一字，不像朱子一樣說成愛理。不過當
時，仁齋並沒有正面的對朱子學加以批判，只是通過對經典的解
釋敍述反對的意見而已，仁齋是在寬文二年（1662）三十六歲的

正月所寫的〈策問〉裏面才開始主張自說，批判朱子學。同年五月，仁齋在京都堀川首開古義堂教授子弟。仁齋與益軒在公卿家論學就在這不久以後，同年，仁齋起稿《論語古義》《孟子古義》《中庸發揮》等，寬文六年（1666）四十歲的時候完成了《論語古義》《孟子古義》的初稿。寬文八年（1668）四十二歲的三月，在《私擬策問》中對朱子之說一一加以反駁，朱子將《大學》分爲經與傳，經爲孔子之言，傳是門人承受了曾子之意所記下的東西，仁齋則反駁說《大學》非孔子的遺書。當時，仁齋的古義學已經確立，在〈行狀〉中也記述說：

> 先前，以宋儒性理之説有乖孔孟之學而疑之，參伍出入，沈吟有年，至此乃恍然自得，庶就條貫。

那年，仁齋設立同志會以獨特的教育法教授子弟。（參照岩波《日本思想大系 33》解說）。

益軒和仁齋相會的時候，益軒正開始信奉朱子學，仁齋則開始批判朱子學，提倡古義學，二人都在意氣旺盛的時候。所以兩人之學得不到默契也是當然的事吧！後來二人之間旣無交友關係，也沒有書信的往返，不過，益軒後來常常上京都，古義學愈來愈隆盛，而另一方面，益軒的名聲也開始傳播於京都、江戶之間，所以二人之間應該是彼此了解對方的學風的。同時，益軒的門人香月牛山有時走訪仁齋，周旋往來於省庵、仁齋、益軒二大儒之間，所以，他們之間必然是互通消息的。

香月牛山（1652～1735）是比益軒小十二歲的儒醫，筑前人。跟從益軒、鶴原玄庵等人爲學，以醫術奉侍中津侯十餘年，

後赴京都，一面過着悠悠自得的生活，一面從事著述，因爲醫好了大覺寺法觀的宿疾而名聲大噪。後爲小倉侯所招，雖然固辭未應，但仍然受到小倉侯的寵遇，得到養老的俸祿。牛山雖是儒者，但仍以在醫學上的名氣爲大，著了《六醫仙記》等書。省庵（1622～1701）是柳川藩儒，較益軒年長八歲。先從學於松永尺五，後師事朱舜水。因見舜水生活窘困而贈以自己的俸祿的一部分。與仁齋也有書翰的往來。元祿十六年（1703）七十四歲的益軒受省庵門人之託而寫了《省庵文集》的序文。省庵與仁齋相互推重，省庵對仁齋的學德非常讚賞，曾經說：「誠一日千里之器，惜未受上者之薦援也」，（《益軒資料》三、〈居家日記〉）。此外，在省庵的門人當中也有列席仁齋的講堂的。

前面也說到，益軒到後來對朱子學產生疑問，對宋學採取了批判的態度，終於著作了《大疑錄》，書中對宋學的批判與仁齋之論非常相近，谷一齋也指出了這一點，比方說，益軒指出周濂溪的《太極圖說》開頭所說的「無極而太極」是《華嚴法界觀》裏的句子，所以這是根據佛教而來的理論（《大疑錄》）。但是，這種說法早在明正統五年刊的空谷景隆的《尚直編》中已有出現，仁齋也曾經提過，所以，益軒之論或者剽竊了仁齋之說，或者是因爲相信《尚直編》中之論而來。可是，《尚直編》在這裏是錯誤的，事實上，《華嚴法界觀》中並沒有「無極而太極」之語。景隆之論大概別有用心吧！

總而言之，益軒的宋學批判論雖然與仁齋的有相通之處，但是，益軒和省庵不一樣（〈居家日記〉），他對仁齋的學問和爲人是採取批判的態度的，益軒在寶永五年（1708）七十九歲的時候，讀了蕃山的門人，曾經傾倒於仁齋之學的越前山本簡齋的仁

齋批判論，認爲批判得不徹底，並且在給人的書翰中表示了這個
意思。

　　越前之人山本簡齋有排伊藤仁齋之學之論，可一讀之，予
　　以排斥可也。

　　我們讀了益軒爲批判仁齋的《童子問》所寫的《童子問批
語》（寫本），就可以知道益軒的仁齋批判論的要旨。仁齋的古
義學的本質可以從他的《語孟字義》及《童子問》中一窺大概。
因此，松崎觀海也說：「由仁齋之童子問，語孟字義可見一生之
學問」（引湯淺常山、《文會雜記》）。《語孟字義》是將《論語古
義》《孟子古義》的要點加以拔粹整理而成，完成於天和三年
（1683）仁齋五十七歲的時候。《童子問》大致是在寶永元年
（1704）七十八歲，也就是仁齋去世的前一年補定完成的，不過，
初稿是作成於元祿四年（1691）。書名是做效歐陽修的《易童子
問》，輔廣的《詩童子問》而來的。奇怪的是，著《大疑錄》批
判朱子學的益軒，在《批語》裏面反而立於朱子學的見地反駁仁
齋之說。

　　益軒是在什麼時候寫的《童子問批語》呢？根據井上忠氏的
調查，初稿本寫於元祿五、六年，益軒六十三、四歲的時候，成

註　根據井上忠氏的考察，益軒的《童子問批語》有兩種，其中一種藏
　　於貝原家，是初稿及再稿的合訂本，初稿裏面有很顯著的訂正的痕
　　跡。另一種是慶應大學斯道文庫本，是益軒門人竹田春庵的淨寫
　　本。這與貝原家所藏的再稿大體一致，是將再稿改訂補足而成的，
　　各處傍記著春庵的訂正意見。（參照井上忠《貝原益軒》）。

稿本（春庵淨寫本）則完成於元祿十五年（1702）， 七十三歲的
時候，序文中有下面的敍述：

> 壬午之夏偶見伊藤仁齋童子問，往往蔑視於先正，誹議於
> 成説，於鄙意不能忍容，然拙鈍之性，不能逐一明辨，衰殘
> 之餘，略擧其尤者數件，漫述臆説而為先正欲粗訟其寃枉。

從貝原家所藏的加以推測的話，《批語》大體是完成於元祿
六年左右，而益軒所見到的《童子問》必然是元祿四年的初稿本。
那麼，成稿本的序文中說「壬午之夏偶見伊藤仁齋之童子問」究
竟是什麼意思呢？ 從《玩古目錄》中來看， 元祿十四年益軒讀
了仁齋的《大學定本》，因此而覺得自己對仁齋的《童子問》的
批判是正確的，於是才在成稿本的序文裏記上「壬午之夏云云」
的吧！《批語》中的文章及論旨算不上明快，下面就將其要點記
下：

(一) 性 與 道

朱子在《中庸章句》中說：「人物各循其性之自然，則其日
用事物之間，莫不各有當行之路」，確立性與道之別而更重視道
的仁齋稱朱子此說為「倒說」，謂無論性之有無，道是本來存在
的。

益軒認為道雖然有天地人的各種名稱，可是都同樣是理，只
是，天道與人道有相異的地方，不可加以混同，因為，天道是陰
陽之道，先於人性而為其根本，而人道則發源於仁義之性。仁齋

雖然了解道通於天地人，却不知天道與人道是不同的，所以他才會認爲朱子之說是倒說。

（二）仁義與忠信

仁齋認爲忠信對於做學問是非常重要的，他把忠信比作混於各種漢藥中的甘草。

益軒認爲這種比喻是拙陋不當的。忠信乃是仁義之性的內容，除仁義之外別無忠信，無忠信則不僅無法涵養仁義之性，仁義本身也將變成虛妄之物。仁義與忠信的關係就是這樣的。可是，漢藥裏面並不是都要加入甘草的，而且，甘草有時反而成爲良藥之害，所以，仁齋的比喻把仁義之性和忠信當成了各別之物，同時，把忠信看作不過是衆德中的一種而已，以致於帶來輕視忠信的結果。

（三）識　仁

仁齋認爲認識仁之理雖然容易，可是，要使仁之理成爲自己的東西却是不容易的事。

益軒則主張要使仁之理成爲自己的東西固然不容易，可是識仁也絕對不是容易的事。因爲，仁的根源是天地生萬物之理，是天地之人德，這個理充滿貫通於宇宙之中，所以，只要明瞭仁之理就能了解道爲何物。但是認識仁之理是非常困難的事，然而，仁齋却說仁爲容易認識之物，這是因爲他沒有眞正地認識仁的緣故。古人說識仁不易，這是因爲眞正地認識仁的緣故。

（四）仁與恕

　　仁齋認為仁是仁，恕是恕，不可以把恕看作是「達到」仁的
工夫。孟子曾說恕是「求」仁的近道，可是，所謂「求」是追求
沒有的東西，這與「達到」的意思是不同的。朱子主張仁與恕為
一物，只是有生熟難易之別而已，可是仁齋說仁是仁，恕是恕，
有仁心則能實踐恕，實踐了恕才能達到仁，仁恕之間並沒有生熟
難易之別。

　　益軒則主張仁恕為一理，只是有自然生成及靠努力獲得的區
別而已。如果像仁齋一樣把仁恕分開為二物的話，那麼仁義禮智
信五性以外又要多出一個「恕」性來。仁齋之論實淺近、輕率、
僭佞也。

（五）仁義與中

　　仁齋謂仁義就是中。

　　益軒則主張無過不及的仁義才是中。所以雖然說是中，並不
包括仁義以外的東西，如果說仁義就是中的話，這會使得單純的
無過不及的中與在仁義上沒有過不及的中混淆不清，難以區別。

（六）中　　庸

　　仁齋認為朱子把《中庸》當作是孔門傳授的心法是錯誤的，
中庸是避免過不及的日常應行之道，這與單說「中」一字的意思

是不同的。

　　益軒認為庸為「中」字的修辭，並不是有中和庸兩個理，所以，庸裏面沒有中和義之別。從《書經》《論語》《孟子》來看，很清楚的，中是堯以來，歷代聖人相傳的心法。子思把從父師處聽到的這種心法加以讚述而著《中庸》，所以這是孔門傳授的心法。仔細說來，仁義為人之道而中是維持仁義的心法。如果沒有這種心法的話，仁義就會陷入過不及，仁可能流於姑息，義也可能流於殘忍。這樣一來，即使是仁義，也無法成為道。所以，我們也可以說中是天下之理的極致。因此，以中為聖人之心法乃是當然的事。

（七）理學的名稱

　　仁齋反對稱程朱之學為理學，古代沒有稱作理學的東西，如果一定要為程朱之學取個名稱的話，可以稱作王道，或者單稱儒學也可以。

　　益軒認為，太古無異學，有的只是聖人之學，故儒學這個名稱也沒有，後世因有楊子、墨子、老莊、釋氏之學等異端興起而出現了儒學之名，這是相對於佛教，老莊之學而取的名稱。後來，詞章、記誦、訓詁等雜學紛然興起，它們都不是真的儒學，只因為學習的對象是六經、諸子、史書的緣故，所以他們都稱作儒者，這些俗儒之學又被稱作了儒學，而與以義理為本的真儒的儒學發生混淆難分的現象，結果真儒俗儒之學都被稱作了儒學。為了使真儒的儒學從俗儒的儒學當中區分出來，不得已才取了理學這個名稱。

（八）天地萬物一體之仁

程明道謂「仁者與天地萬物爲一體」，仁齋認爲這個道理雖然不錯，可是實行起來是非常困難的，對於易說難行的事君子不輕言，高論多說於道無益。故以不言爲善。

益軒的看法是，程子所說的是，仁者之心公平無私，其體認廣大無際不遺萬物，這與張橫渠的《西銘》之說是相同的，《中庸》裏面也有「致中和位天地育萬物」的話。這是仁者的胸懷，以萬物爲一體之理，雖然是聖人也未必能夠徹底實行。比方說堯、湯的時代也有洪水旱魃的災禍，可是，在當時却是束手無策的。事實上有人力所無法克服的地方。不過，話雖這麼說，我們絕不可以把萬物一體之說當作是虛談，我們不能因爲自己無法實行就說它是妄言，要不然的話，子思的「位天地育萬物」之說也就成了於道無益不宜多說的高論了。身體雖然無法實行，心志却不能不廣大。只是，儒者之論與佛教的大言壯語之間有天淵之別，儒者之論不是空言，像仁齋一樣無德偏狹之輩畢竟是無法實行的。仁齋之說才是高論贅言，都是於道無益的，以不說爲善，何不反省耶？

（九）愛 語

仁齋的門人問他：「儒者之中，最愛誰之語？」仁齋回答說：「最愛董仲舒的『仁者正其誼不謀其利，明其道不計其功』和張橫渠的『責己者當知天下國家無皆非之理』」

　　益軒認爲，董子、張子之語固爲格言至論。然而，漢以後先
儒之數多到不知有一百幾十人，所以，格言至論也非常多，而仁
齋所採用的只是其中的兩句話而已，這不是因爲他的體認不夠所
致嗎？

（十）老子的格言

　　仁齋認爲老子的「天道好施」「天網恢恢，疏而不失」二語
是至論格言，應該收入《詩經》《書經》裏面。

　　益軒說老子的這兩句話有戒言的價值。《書經》有謂「作善
降之百祥，作不善降之百殃」、「天道福善禍淫」，《詩經》中
有「永玆配命自求多福」的話，《易經》也有「積善之家有餘
慶」。老子之語與這些很類似，只是有高下長短之別而已，所以，
聖人的經書即使不收老子之語也已經足夠了。司馬溫公嘗說老莊
佛敎之說裏面，不善之物固然不信，好的東西在六經裏面也已經
齊全了。誠然也！

（十一）立　　論

　　仁齋說佛敎的理論中有非常好的東西，也有不好的東西。

　　益軒認爲此說於道無損，頗能辯斥異端。仁齋兼具才能與學
識，致力於學問，可惜拘泥偏曲，不明大道。更遺憾的是他對自
己估價太高，不自量力，不明先儒之高遠乃吾人所不能及。又執
着一事而萬事受到阻礙，爲人苛薄，輕率誹人，他雖然舉了孫子
的話說：「知彼知己百戰不殆，不知彼不知己每戰必敗」，可是

仁齋是一個「不知彼不知己」的人，每立論恐怕終歸都要失敗的
吧！

(十二) 作 文

仁齋認爲，詩可以不作，但是文章不可以不寫，因爲文章是
說明道理的，如果只做學問不寫文章的話就好像只有口而不會說
話一樣。不過，符合規準的文章作起來是很困難的。司馬遷、董
仲舒、劉向、班固的文章作法非常正確，韓愈、柳宗元、歐陽
修、蘇軾、蘇轍、曾鞏等人的文章也都合乎文法，必須熟讀。方
正學、王遵巖、歸震川等人都是近世的大家，他們的文章作法正
確，合乎文法，也都必須一讀。文以詔、勅、奏、疏、論說爲
主，其次是記、序、志、傳。書簡類不足以稱作文章。賦騷及排
遣時間的戲文則不可作。因爲這些對於道都是非常有害的，葉水
心說，與世道教化無關的文章雖然巧妙也是無益的。這是作文章
的人對文章評價的標準。

益軒說仁齋的作文論大致不差，但是，不應該以諸家俗儒之
文爲法。仁齋難道不知道儒者的純正有用之文與文人的滑稽無用
之文在氣象風格上是有很大的不同的嗎？

(十三) 道 統

韓愈謂，堯傳道於舜，舜傳禹，禹傳湯，湯傳文王、武王、
周公，文王、武王、周公傳孔子，孔子傳孟子，孟子死後則失傳
矣。仁齋主張，道廣大深遠，聖人雖死也不會斷絕，所以，因孟

子死而道失傳的韓愈之說是錯誤的，韓愈所以這麼說是因爲他看到在孟子的最後一篇記述了堯舜禹湯、文武周公孔子的事情的緣故。程伊川讀了韓愈的文章說，韓愈有他自己的想法，這是錯誤的。

益軒說，仁齋非難韓愈之論，說他無事實根據，其實，仁齋的非難才是沒有根據的，如果是道之一端的話，就是愚夫愚婦也能夠知道，可是道的全體不是聰明英知的人是無法知道的。漢唐賢者雖然不少，却沒有聽說過有了解道的人，所以韓愈的話是沒有錯的。仁齋之論太草率輕狂。

（十四）僭越輕率之論

仁齋誠勤勉學者，人品亦高尚，如果要挑他的毛病的話，那就是他自我評價太高，不自量力，輕率誹議先賢不知畏懼，殘忍酷薄，僭越輕率，不知古人力量之大爲吾人所不能及。對經書的解釋也因執着一事而萬事不能通達。狹隘拘泥，不知己不知彼，故不能免去輕率之罪。古語中也說「不盡讀古今天下書，不得輕議古人」，如果眞有此言，則人謂仁齋博識余不信矣。過去程伊川見到有人談論先輩的短處必訓戒說：「汝輩應取人之長處」，仁齋可不反省哉！

（十五）對古人的侮辱

仁齋偏見曲學，辱罵先賢，陷其於無實之罪亦無動於衷。荀子曾說亂天下者必孟子、子思。荀子與仁齋雖有才與不才之別，

然二人所說完全一致。

（十六）對先儒的非難

仁之理極爲精微，至爲廣大，如吾輩粗雜淺薄之學問是不容易把握仁之理的。能夠知道仁之理則能夠了解道。程子說，天地生萬物之氣象可觀而不可言。明白此理則能了解道。仁齋爲勤勉之學者，然而爲何對道的見解如此淺薄，態度又如此僭越輕率呢？《書經》說：「德盛則不狎侮」。年歲愈長，修行愈進步，則應該日益恭謙，不可以像仁齋一樣侮辱先正。孔子戒門人子路說：「君子不知蓋闕如也」。仁齋必然也口誦此語，但是爲何違背聖人之敎，強以不知爲知耶？爲什麼不把自己沒有把握的東西放在一邊呢？所以仁齋對先儒的非難是沒有根據，不恰當的。

（十七）謙遜與反省

仁齋崇尙孔子之敎固然是很好的，所以，仁齋算是超人一等的學者。不過，孔子之敎是以謙遜與反省爲本。謙遜是天下之美德，相反的，傲慢是天下之惡德。那麼，爲什麼仁齋僭越輕率而傲慢，甚至攻擊聖人呢？未聞君子有此道。

（十八）明 鏡 止 水

程子把聖人之心譬作明鏡止水，仁齋則不以爲然，仁齋認爲不論是道也好，性也好，心也好，都是活物不是死物，不應該拿

死物來譬喩，否則的話，是非就要顛倒了。所以應該譬作流水，不應該譬作止水，應該譬作日月燈燭，不應該譬作明鏡。因為流水有源頭，是流動的，所以是活物。止水沒有源頭，是停止不動的，所以是死物。鏡雖有照影的靈能，但因本體是虛的，只能映照物影，不能以自己的光來照物，所以是死物。日月燈燭能夠以自己的光來照物，因為是活物的緣故。明鏡只是把東西的樣子一成不變地映照下來，所以沒有判斷是非善惡的能力。佛教老莊的書中有明鏡的譬喩而儒教的書中沒有，這是因為前者尚空虛而後者尚實理的緣故。所以，儒教以君臣、父子、夫婦、兄弟、朋友之道，也就是人倫為根本，以恩義為主旨。佛教老莊則務清淨無欲，其修行圓熟，功夫成就的時候，本心就像明鏡止水一樣一塵不染。但是，佛教老莊之教不僅至極困難，還斷絕恩義棄捨人倫而無動於衷，這與聖人之道的中間有天壤之別，佛教老莊之教所以變得如此就是因為受了明鏡止水說的影響，故對其深惡痛絕。

益軒的看法是，仁齋排斥程子明鏡止水的比喩，認為這是在六經語孟中所沒有的佛教老莊的寂滅空虛之說，聖人之心是活動的而非靜止之物。明鏡止水固然是靜止的東西，但是靜中有動，體中有用，把明鏡止水當作死物不是公正的看法，聖人把君子之德比作玉，玉也不是活動的東西。如果把鏡當作死物的話，那麼玉也是死物，就不應該用來比喩德了。仁齋的想法執一拘滯，比喩只是一種技巧而已，不必拘泥固執。

萬物都有體用動靜。《易》中所說的「寂然不動」是聖德之體、中之德，這是靜止的，是如同止水一樣的東西。《易》中所說的「感通」是聖德之用、和之德，這是活動的，是如同流水一樣的東西。我們不能捨聖德之體而只取其用。我們拿四季來譬喩

動靜的話，春夏是動的而秋冬是靜的。但是，如果沒有秋冬的止靜就沒有春夏的發動。人心也是一樣的，借用孟子的說法，沒有夜氣的靜養就得不到白晝的活力。靜是動的根源，動是靜的發用。惡靜好動是一種偏執，有陷於流蕩之弊。好靜惡動的是佛教老莊，好動惡靜則是狂妄之徒。

程子以明鏡止水來比喻聖人之心，他所要申述的主旨就是上面所說的。聖人之心靜時如明鏡止水，動時如曜靈流水。所以仁齋以因義而起的為聖人之心而主張聖人之心只有動沒有靜是不對的。聖人之心不是如此偏狹之物，仁齋惡佛老之偏於靜，予則惡仁齋之偏於動。兩者均無源無體，同屬道術之害。《中庸》所謂的「喜怒哀樂未發之中」乃是靜之德。如果惡靜好動的話，那就是重視「喜怒哀樂已發之和」而輕視「未發之中」。

《論語》有謂「知者樂水仁者樂山」。知者是動的而仁者是靜的。樂水而動固然是可貴的，但仍不及樂山而靜者，所以，把仁者之心比作澄明寧靜的明鏡止水並非不恰當的。

註　《益軒文集・自娛集》卷三中有益軒回答有關明鏡止水的問題的書翰。從這裏面也可以了解益軒的明鏡止水說。其中益軒有如下的敍述。

　　程子把聖人之心比作明鏡止水，因為他認為聖人之心如明鏡止水一樣湛然虛明，雖然不動但對人倫物理明察秋毫，能順應萬變，純一無偽，毫無私意人欲。朱子也說，因為純一無偽，不受私意人欲所累，所以程子把聖人之心比作赤子之心。程子把賢人之心譬作明鏡止水是配合了朱子所說的「虛靈不昧，備衆理應萬變」的意思。所以，把明鏡止水解釋作像枯木死灰一樣無心的死物或虛無寂滅的意思是錯誤的，這是孟子所說的「以文害辭，以辭害志」。

　　益軒認為《易》裏面所說的「山上有澤則咸。君子以虛受人」，「寂然不動、感遂通天下故」，程明道所說的「豁然大公、物來順

（十九）智與穿鑿

孟子以智爲貴，但惡陷入穿鑿。仁齋也重智，但陷入了穿鑿。如此則不如無智。

（二〇）聖人之體

孟子以伯夷、伊尹、柳下惠爲聖人，並以他們爲百世之師。這是因爲他們具備了聖人之體中的一種，並不是表示他們擁有聖人的全德。

（二一）宋儒論

仁齋自小讀宋儒訓解，應知義理，然而，爲何像賊一樣操干戈以入室呢？

（續）應」等都與明鏡止水的意思相同。因此，只看到虛寂的一面是不對的，明鏡止水是指在靜虛之中有光明，在安定之中有深思熟慮。就如程子所說的「動亦定，靜亦定」，張子也說，定而後有光明。《易》中講求「艮止」，有止而後有光明，《大學》也說，定而後能慮。這些講的都是明鏡止水的意思。

　　益軒把我們不應該把程子的明鏡止水之說拿來與以虛寂爲主旨的佛教老莊相提並論的理由作了如上的說明。

（二二）道與學問

學問的目的在明道，道不知則不能算是作了學問。仁齋之說有乖先哲之訓，又不喜與學友講論，只樂於和門生議論，發表廳論自立門戶，並以此自誇。這完全是出於私欲而不顧義理，仁齋實在是一個如同固執的王安石一樣的學者。

（二三）程朱的大賢

程朱雖然不到可以比作日月的聖人的程度，但也算是可以比作丘陵的賢哲，非仁齋所能及。程朱之說雖然有類似佛教、老莊之處，但對可疑的地方我們應該採取不予置評的態度，仁齋却堂堂加以非難，說天下學者妄信程子朱子，如此非禮侮辱，其罪無以復加。仁齋自以爲是賢者嗎？如果不是賢者的話，他的想法不能說是正確的， 如果是賢者的話， 就不應該如此自負， 妄議先賢。我對程朱雖無深知，然自幼好其學，並遵循至今，但雖喜好並不致於阿諂。

（二四）道學與佛老

朱子說，異端的虛無寂滅是假空而無實地。因爲，他們遠離日常人倫，妄談天地以外之道，大言壯語而自以爲高妙。君子看來，豈是高妙，誠卑陋卑賤也！孟子也說過，聖人之道存在於孝弟這樣日常卑近的地方。異端之徒輕視這種聖人之道而不加以實

行，他們追求人倫日常以外的東西，宣揚虛誕空妄之理論而自以
為高妙。道乃是存在於人倫日常之間的東西，如同大路一樣，誰
都容易了解。這種至近的東西才是至大、至高、高妙的。佛教以
寂滅為宗旨，絕滅人倫日常之道，他們所追求的空寂是所謂「淨
智圓體，自我空寂」的東西，這是以心為主，翻弄心之精神而不
知有他的東西。老子以虛無為主旨，故捨棄人倫日常之道，一味
從事修養的工夫，在暗中抹殺天道，這是以氣為主而不顧其他事
物的東西。要言之，二者都不知天地人之道，佛教老莊所說的道
與我們儒家所說的道不同。要分別我們儒家與異端則必須仰靠道
學以求之。

（二五）時習新知

　　仁齋之學源於明之郝景山（楚望）。其中有許多與景山的《時
習新知》相同的東西。最初，不明仁齋之說的出處，讀了《時習
新知》才知道其說的出處。仁齋之說都是根據景山之說而來的。
　　上面是益軒對仁齋的宋學批判論所作的反駁，他又反過來為
宋學辯護，其要點如下：

　　1. 仁齋反對宋儒的以道為客觀的存在，性為主觀的存在，
　　　而道源起自性的說法而對其加以批判。益軒則說明道來
　　　自性的理由，以反駁仁齋之說。

　　2. 仁齋因實踐的困難而批判程明道的識仁。益軒則認為不
　　　可因實踐困難就以識仁為非，對仁齋之說加以反駁。

　　3. 仁齋從對自的與對他的觀點來分別仁與恕，對宋儒以難
　　　易生熟來規定仁恕的關係的說法給以批判。益軒則認為

如果把仁與恕分開爲二物的話，那麼在仁義禮智信五性
以外又另外有一個「恕」性存在，這是有悖聖人之說的
論法。

4. 仁齋主張仁義就是無過不及的中，益軒則反駁說，中並
不是單指無過不及的東西，在仁義上無過不及的東西才
是中。

5. 仁齋認爲《中庸》是論語的解說書而不是傳授孔門心法
的東西，對於重視《中庸》的宋儒之說給以批判。益軒
則主張《中庸》是記述孔門傳授的心法的書。

6. 仁齋反對宋儒提出的理學這個名稱，說古代沒有這樣的
稱呼，益軒說這是爲了使眞儒的儒學容易與俗儒的儒學
區別而取的名稱，是時勢之所趨，欲罷不能也！

7. 仁齋批判宋儒的萬物一體之說，說這是空言虛說，益軒
則爲宋儒辯護說這是體認之結果。

8. 仁齋反對韓愈的孟子死後儒學斷絕的說法，說這是無事
實根據的。益軒則反駁說這是有根據的。

9. 仁齋認爲宋儒的明鏡止水之說就是佛教老莊的虛無寂滅
之說而加以批判。益軒則反駁說明鏡止水之說是指虛中
有明，靜中有動的意思。

10. 弄清楚了仁齋之說的根據來源，仁齋之說是根據郝景山
的《時習新知》而來的。

益軒的《童子問批語》中最顯著的特徵是，對仁齋批判程朱
等賢哲之說的態度加以攻擊，痛罵仁齋偏滯固陋，傲慢僭越，忘
恩無禮。益軒本來是一個謙遜禮讓的人，可是爲何對仁齋如此不
假辭色呢？《大疑錄》裏面的思想與仁齋的古學有相通的地方，

這種看法已有人提出來過，可是爲什麼在《批語》裏面對仁齋如此激烈地批判呢？容我推測的話，益軒卽使對朱子學懷抱著〈大疑〉，可是，從他的性格來看，這是他對朱子報恩的表現，前面也提過，在感情上，他對朱子是懷抱著尊崇之念的，此外，我們仔細觀察益軒整個的學問體系，我們會發現益軒的學問在事實上有許多地方是依據朱子學的，這也是他尊崇朱子的要因之一，隨着京都仁齋古義學的隆盛，對朱子學的非難變得激烈起來，而使得益軒產生了不忍之心，這些都是使得益軒對仁齋大力攻擊的主要原因吧！

十六、益軒的實學

　　實學是以直接或間接有助於人類生活的科學技術為對象的學
問，簡單的說，實學就是自然科學，這種想法的出現是遠在益軒
的時代之後的。在日本的思想史家當中也並不是沒有把實學直接
解釋作自然科學的傾向，不過，益軒的實學是以道德為中心，包
括了人文、社會、自然的廣泛領域的東西，所以，其中也包含了
科學技術，換句話說，科學技術的實學與道德哲學、人生哲學是
一體的。只不過兩者之間有本末緩急之別而已。狹義的實學雖然
可以解釋作科學技術之學，可是益軒是把實學放在儒學的領域之
中的。也就是說這種實學不是獨立於儒學之外獨自發展的，在益
軒的時代裏，儒者自然是知識階級的中心，所以他們都多少對實
學懷抱着關心，其中尤其以關心醫學的人為多，這大概是因為醫
學是直接左右人類生命的技術的緣故，所以，當時儒者兼醫生的
人很多。也因此而有「儒醫」的稱呼。益軒也有如下的敍述：

　　　諸藝多於日用無益，唯醫術為有用之事也，非醫生亦應少
　　學，　凡儒者應盡知天下事，　故古醫亦儒者之一事也。
　　（《益軒全集》卷三〈養生訓〉）

　　與益軒有親交的儒者當中也有很多是醫生。前面也說過，益軒的父親寬齋，兄存養也都通醫學。

　　益軒所說的實學從道德的體認躬行開始，包括了禮法、制度、語法、醫學、本草、博物、農藝、物產、名物、食品衞生、律量、算法、音樂、兵法等廣範圍的東西。益軒所以成爲當代首屈一指的涉及廣泛的實學者而馳名於世，固然是由於他本身驚人的才能及不屈的努力所致，同時也是他與當時有名的實學者的前輩後輩之間的交往和相互協助所帶來的成果。益軒在實學上的成就固然是得自他對流傳於中國及日本的許多實學書的研究，而其中也有一小部分似乎是受了接觸西洋文物的影響。在與益軒有親密交往的實學者當中，直接間接對益軒樹立獨自的本草學有着很深關係的人物有，中村惕齋，是著名的儒者，在本草學方面著有《訓蒙圖彙》。向井元升，是建立長崎的聖堂（孔子廟）的朱子學者，旣通天文又是高名的醫生，對本草學也精通，著有《庖廚備用大和本草》。稻生若水（1655～1715），旣是儒醫又是本草學者，著有《庶物類纂》。松岡恕庵（1668～1746），是完成《庶物類纂》的稻生的門人。宮崎安貞（1622～1679），從益軒那裏接受了漢籍的知識，著《農業全書》，爲日本的農業開拓了獨自的分野。在其他的分野方面，有著《本朝醫學考》，地理書《雍州府志》的儒醫黑川道祐（？～1691），在醫學方面是後世家的第一人的益軒的門人香月牛山和著有《丹水子》提倡古醫方的名古屋玄醫等人，益軒還與曾經參考中國的渾天儀（天文觀測器），創出獨自的東西的保井春海的門人黑田藩內天文研究班有所交往，並且給他們以幫助。此外，他與著有《股勾弦鈔》《運氣六十年圖》《坤輿旁通儀圖說》的天文學者星野實宣也有接觸。（參照

井上忠《貝原益軒》）。這些實學者都是生活於元祿前後的人物，
都是研究中國的實學書而開拓了獨自分野的人物，益軒處身於這
樣的環境之中，在本草學方面開拓了獨自的分野，給後世本草學
以很大的貢獻。

　　益軒所以能在實學方面爲後世留下偉大的業績，發表了龐大
數目的實學書，其中有一個原因是他身邊有很優秀的助手，他的
外甥貝原恥軒和門人竹田春庵。尤其是春庵，聰明有才幹，是益
軒最得力的助手。如果沒有春庵的話，益軒大概不會有那麼大的
成就吧！益軒的夫人東軒也是他的幫手之一，這是大家所熟知
的。

十七、實學與理氣一體論

前面也敍述過，益軒所說的實學指的就是儒學，其中包含科學技術一類的東西。現在，我們暫且離開儒學，來考察一下益軒對科學技術的研究方法上的主張，同時參考與此有關連的益軒的儒學思想，將其概要敍述如下。

益軒的實學當然是來自程朱所謂的格物窮理之學。益軒在他的名著《大和本草》的自序（《益軒全集》卷六）裏，對科學技術研究方法的要點作了如下的敍述：

> 不可固執錯認，以己聞為是，以人之異己為非，大凡聞見寡陋，妄信見聞，偏執己說，輕率決定，此四者必有所誤。

益軒勸人要戒除下面四件事，第一、見聞寡陋。第二、妄信見聞。第三、固執己見。第四、輕率下判斷。他又提出四個要點。第一、以博學多聞為旨。第二、不要為妄信所誤，對沒有把握的東西應該放在一邊。第三、要公平客觀地下判斷。第四、審問精思後再下判斷。

為何必須博學多聞呢？益軒說：

　　古人謂天地間之事皆我事，　故廣大無邊的天下之無限真
理皆吾人所應知也。（《益軒全集》卷四〈筑前國續風土
記〉自序）

陸象山曾說：「宇宙內之事皆吾分內之事」，益軒的看法也是一
樣的，　他認為，　天地間的產物無限豐富，　對民生的助益無限，
所以，如果不能盡知物之理，則儒者所說的理想社會就無法實現
（《大和本草》自序）。道體廣大，義理精微，充滿於天地之間，
貫於古今，為萬物所具備，要加以窮究盡知是不容易的事，聖人
也許可以做到，可是像程朱一樣的賢哲，以一個人的知能還是無
法達到的（《益軒全集》卷一〈黑田家譜〉後序）。以上是益軒
主張要博學多聞的理由。
　　益軒的博學涉及和漢古今書物，經史子集固然包括在內，還
涉及廣泛領域的物理，科學技術的書，各處探探秘書，尋找老故
事，只要他認為對庶民的實際生活有益處的東西都不願意放過，
在一般儒者眼中的鄙陋無聊的東西，比方說俚諺、農業、園藝、
算數之類雕蟲小技的書物，他都一一閱讀。除此之外，他還做古
聖人，「又取街談巷議，　復擇狂夫之言，　詢芻蕘，　好問，　察邇
言，捨己從人」（《益軒全集》卷一《和漢古諺》跋。同卷一《愼
思錄》卷六。同卷一《菜譜》序。同卷三《文訓》下）。不博學
多聞則是非不明，陷於獨斷，無法作公正不偏的判斷，也就是說
得不到合理的、客觀的判斷。合理性與客觀性是益軒實學研究的
重要特色，益軒在這方面的要求比較嚴格，這從他在七十七歲的
時候為長崎的楢林鎮山所著的《紅夷外科宗傳》所寫的序文中，
對西洋醫學加以禮讚，又在自著的《扶桑記勝》中認同西洋道德

等事情也可以推察出來。他的親友向井元升雖然肯定了西洋天文
學的成果，但是，對西洋邏輯理論下的學問研究方法以及道德是
採取否定的態度的，在這點上，貝原益軒和他是互相對立的。
（井上忠《貝原益軒》）

　　益軒雖然廣讀和漢羣書，但因爲不停地追求合理性及客觀
性，所以只要遇到漫說或虛誕妖妄，神怪奇異之論則棄之如敝
屣。（《益軒全集》卷一〈日本歲事記〉凡例。同卷一〈中華事
始〉凡例，同卷六〈大和本草〉凡例）。可見，益軒的廣讀羣書
並不是以吸收粗淺的見聞知識爲目的，他主張理爲萬物之根源，
故萬事如不斷之以理則將喪失根據（同卷一〈和字解敍〉）。他
說：

> 君子之學貴明理而達乎物也，苟不如此，則雖博學而詳
> 說，所不貴也。（同卷一〈和漢事始序〉）

不審思精慮，考察愼擇就無法在理上融會貫通。益軒認爲理有所
以然之故，也就是事物的原因，以及所當然之則，也就是事物存
在的法則。從所當然之則出發最後必須究明所以然之故，我們必
須對朱子這種窮理的精神加以充分地理解，在窮理上首先必須徹
底做到合理性及客觀性。比方說我們探測蔓草左旋的原理，這從
天道最後要歸於左旋這件事上也可以推測出來（同卷六《大和本
草》卷一）。此外，益軒的死生論也是一個很好的例子。益軒認
爲，魂就是靈氣，人死後，氣消滅，魂也就消滅了。所以他主張
精魂死滅論，而對張橫渠的精魂不滅論，理無生死的理不滅論加
以批判，說這與主張輪廻的佛教的妄說沒有任何不同。因此益軒

對提倡理氣一體論而批判張子之說的羅整庵之說給以稱贊，說整
庵之說破異學之謬誤，解學者之疑惑，這也是當然的事吧！（同
卷七《自娛集》卷七，「元氣消息說、死生說、人鬼說」）。

　　益軒所謂的「理之常變論」也可以說是從他的合理、客觀的
窮理而來的（《愼思錄》卷五。《大和本草》卷一）。益軒主張
理中有常也有變，變也是理，天下無理外之物。天地間如果有人
說理外之物很多，那是因爲他沒有徹底窮理的緣故。不知理之變
則不能窮天地之理。那麼，所謂理的常變是怎麼一回事呢？我們
拿益軒的養生說爲例子來說明的話，節欲保生是理之常，捨生取
義是理之變。（《益軒全集》卷七〈頤生輯要〉〈養生說〉益軒
跋）前面也說過，益軒和羅整庵一樣反對宋儒的理氣二分說，主
張「理卽氣之理」，認爲理與氣是一體不可分的。因此，和羅整
庵同樣反對宋儒的性有天地之性與氣質之性的說法而認爲，性本
來只有一性，就是氣質之性，而氣質的本然就是天地之性（《大
疑錄》《愼思錄》卷一）。所以，我們在追求理的時候，應該直
接從氣的流行變化，比方說時變、土宜（土地的性質適合居民與
農產物的生存）、民族性、風土等上面去追求（《益軒全集》卷
三《養生訓》卷六）。益軒所以寫〈時宜論〉〈土宜論〉〈氣運
開說〉等也就是因爲這個緣故（《益軒全集》卷一〈初學知要〉
下。同卷二〈自娛集〉卷二）。理既然與氣是不可分的，那麼當
然有理一分殊的主張吧！不過，益軒的理論是從理氣一體觀出發
的，比宋儒更重視氣，所以，我們甚至可以說他所主張的是氣一
分殊論吧！

　　我們知道了益軒是這樣地對氣加以重視，注意它的流行變化
的諸相，不過，我們應該把他的理論與吳蘇原等人的氣的一元論

加以區分開來的，吳蘇原等人之說是把理歸於氣之量而不是氣之
質。如衆所周知，理一分殊說出現於北宋時代，這是把重點放在
理這方面的，到了整庵，探取了理氣一體論的立場，也就是和宋
儒比較來看的話，是從理氣相卽的觀點上展開他的理論的。益軒
也探取了同樣的立場。

　　益軒的實學與這裏所說的理一分殊說的關係最爲密切，我們
只要翻開他的實學書就能一目瞭然的吧！下面所舉的《大和本
草》的序文（《益軒全集》卷六）中的一節可以說表現得非常清
楚。

　　天下之事物日開未巳。故古所無而今有，古所不知而今知
　　者，不可枚記。其濟用亦不可廢棄耳。且華夷各異有無，
　　南北互有宜忌，故記載物理之功，到後世漸次隨時不可無
　　也。

　　益軒在醫學上特別提出要以通世變，順時宜爲良法（《愼思
錄》卷六），這也可以說是站在理一分殊的立場而來的看法吧！

　　益軒旣然重視氣的流行變化，所以他也就當然認爲《易》的
〈陰陽論〉，〈五行論〉在實學研究，尤其是醫學研究上是不可
缺少的吧！（《益軒全集》卷三《養生訓》卷三、六）。從這點上
我們大致也可以知道，益軒的實學並沒有能夠脫離儒學思想的圈
了。只是，益軒的實學是否確實有助於合理客觀的科學研究的發
展呢？或者反而成了科學發展的妨害呢？我們很難簡單地下結
論。不過，益軒的合理客觀的研究態度給後來的實學研究以很大
的貢獻，這是誰也不能否認的吧！

　　前面也敍述過，益軒的實學涉及了廣泛的範圍，而且極精至
微，不僅如此，他並沒有陷入尚古主義、中華主義的流弊，對時
運的進展、古今的變化、日本的風土、土宜等作詳細的觀察，進
行合理的、客觀的研究，這也是由於前面也說過，他站在理氣
一體的立場而以理一分殊說爲基準的緣故吧！他對這個學說是如
何的重視，這從他在《自娛集》裏，拿着「理一分殊論」來對人
生、人倫、物性等進行詳細的說明一事也可以推察出來。

　　我們雖然要貫徹合理主義，可是如果過於固執，凡事不作合
理的解釋便不肯罷休的話，就容易陷入固執穿鑿之弊，反而有喪
失客觀性的危險。所以，前面也說過，益軒主張對沒有把握的東
西要先放下。免得招來這些弊端。比方說在醫學上，益軒也強調
不可拘泥於古今任何一法，不可穿鑿附會，必須要像《論語》所
說的一樣「溫故而知新」（《養生訓》卷六）。但是，如果要貫徹
合理主義、客觀主義的話，就當然要講求實證主義、經驗主義的
吧！所以益軒說：

　　　　雖古人博洽，不自試知而漫說，傳誤者多矣，一人傳虛萬
　　　人傳以爲實。孟子曰，盡信書不如無書。誠哉斯言也。
　　　（《益軒全集》卷六〈大和本草〉卷一四）

比方說，李時珍（1518～1593）有蜜蜂的蜜是以大便來釀成無毒
的花的說法，而陶弘景（452～536）認爲是以小便來釀成花的，
益軒則從實證的立場指出這兩種說法是不合理的（同），他在著
作《筑前國續風土記》的時候，親自遍訪了筑前的邑落、高山、
深谷等地。但是卽使是站在實證主義、經驗主義的立場，而這種

實證經驗不能配合知識或理論的話，則實學也可能會喪失合理性
和客觀性。宮崎安貞的名著《農業全書》可以說是安貞將益軒的
農學知識和理論加以實地立證所獲得的結果。如果確是如此的
話，則這本書的完成可以說是二人互相合作，將這裏所說的實
學研究法加以實地檢證所得到的成果。（井上忠《貝原益軒》參
照）

十八、實學與儒學

　　益軒是一個儒者和道學者。所以，盡管他強調博學多聞的重要，可是，遺忘了義理之學，經世之術的人，他就不認為是真正的儒者、真正的道學者。所謂道學是指程朱之學或宋學而言。可是，雖然以道學自居而不藉着愼思默識以求取領悟，不以實踐為主，專在訓詁詞章之學或口耳之學（道聽塗說之學）上下工夫，一味講求道德性命而不努力於經世致用，或者如前面所說的，不去追求時變、土宜的知識而陷於固陋，為世人誹笑為迂濶無用之學，像這樣的人，雖然有道學之名却無道學之實，這是益軒所要排斥的（《益軒全集》卷二〈愼思錄〉卷四。同卷三〈君子訓〉上。《益軒資料》六〈大疑錄〉初稿。《益軒全集》卷三〈文訓〉。同卷三〈五常訓〉卷五）。因此，益軒排斥講說虛無，以頓悟為要的佛教老莊之學以及一味講求功利的事功派之學也是當然的事。從這點來看，益軒雖然對唯理的朱子的形而上學採取懷疑的態度，可是，他似乎很能理解朱子對陸學、禪學的辯駁，也就是所謂「朱子二大辯」的精神。益軒認為，不去修養先天存在於我們心性中的義理而一味追求功業的是霸者之術，不去廣博窮究萬物之理而只在技藝上下工夫的是技術者之所為，這些都不是儒者之道。所以，他提到道學與技藝的關係說：「三代（夏、

殷、周）之教以藝最下」，分別兩者的本末，不可加以混同，如有輕前者重後者之事，是謂倒行逆施，不可也！（《自娛集》卷一）。益軒就這樣在儒學與實學之間樹立了本末緩急之別，而寫了以人倫之教爲根本的「教以人倫爲先」之論。（《益軒全集》卷二〈初學知要〉上）

對人倫之道，如果只在心裏遵守，只求修養自己，也就是說只在道德性命上下工夫而不求具現於社會生活之中的話，那麼，儒者的理想是很難達到的吧！因爲儒者的理想是要實現以人倫爲本的安定的社會生活。要使人倫之道具體實現於社會生活之中就當然需要技術了。朱子的社倉法就是個很好的例子。不管多麼地深愛人民，可是遭遇到饑饉的時候，如果想不出解救的具體方策和技術則還是等於是空的。因此，必須講求「術」。所以益軒認爲，即使是卑賤的藝能，如果不學「術」的話，仍然無法達於完成。我們所必須學習的不僅是儒術，還廣泛地包括人類生活所必要的技術。否則的話，儒者所說的理想世界就不可能實現。尤其是像醫術、農業一樣直接或間接地關係到人類生死的東西，就更不能缺少技術了。我們如果能精研這些技術，而且用來拯救萬民的話，那麼所謂「位天地，育萬物」的大業也就能夠完成了。因此，益軒說醫不能缺少仁術（《養生訓》卷一），養生術如果離開了義理，也就成了中國方外的術士（比方說像仙人之類）（《益軒全集》卷七〈頤生輯要〉益軒序），又比方說我們研究栽培之術，育成了花卉，可是却不去注意「生天地之物的氣象」，而只是一味地以玩賞花卉的美艷爲目的，那麼就是所謂的「玩物喪志」了（同卷一〈花譜〉序）。益軒不僅提出了道義在科學技術，也就是實學上的重要性，同時也敍述了實學的重要性，這使他自然

地傾注精力於這方面的研究和著述上。這種態度與曾經說：「古
人修己治人以爲學，至於講物理乃餘事，不用力於此也」（《童
子問》）專心致力於修德，對實學幾乎毫不關心的伊藤仁齋是互
相對立的，益軒所以對仁齋之學採取批判的態度，二人對實學所
抱的態度的不同，大概也是原因之一吧！仁齋的這種態度是否就
是當時以儒者爲己任的人的一般傾向呢？當宮崎安貞完成《農業
全書》原稿的時候，要求益軒之兄樂軒加以補正，樂軒認爲是末
事鄙事而予以拒絕。從這件事也可以推察一二吧！當時安貞說，
此書在贊助天地之大道上可產生萬分之一的裨補亦未可知，而再
度誠懇地請求，終於獲得了樂軒的承諾（《益軒全集》卷八〈農
業全書〉自序）。安貞對實學的看法也可以說就是益軒的看法吧！
益軒爲這本書寫了序，序中說：「聖人之政唯教養二者也」，引
用了管子（前？——前645）和孟子的民生主義的德治，說明農
業在民生上是不可或缺的東西。（同，益軒敍）

　　到了晚年的益軒更加熱中於實學的研究和實學書的著述。我
們只要讀了《愼譜》的自序（《益軒全集》卷一）中的一節，就
可以看出來益軒對實學是多麼的重視。

　　　昔有遊於聖門學作稼圃者，有似入寶山恥無斬獲而握一拳
　　石，聖人以其雖學，然仍爲小人，謂如此小道雖亦有可
　　觀，然君子恐執著於雕蟲小技故不學也，是然也，然吾輩
　　旣無德，又無立功立言之業。不耕而飽於食，不織而暖於
　　衣，消費世間之財，是爲天地間之一蠹（害蟲）也，生於
　　世間而無可爲之事，與鳥獸同生，與草木同朽，終至悔恨
　　萬千，是故雖不爲棄寶石而取土石之事，亦竭盡微力聊爲

薄文，如有助於老圃之教，成民生之業之萬一小補，則是幸也。是故不恥世之道學諸君子之誹笑以為文也。

　　所以，即使是小藝鄙事，可是只要對世間有萬分之一的裨益，盆軒也不顧世之道學者的誹笑而傾熱情去研究。也就是因為有這種熱情，盆軒在實學上才會完成如此的偉業。不過，我們讀了上面的文章，盆軒給我們的印象，與其說是一個實學者，不如說是一個醇儒來得更恰當吧！盆軒的醇儒面貌可以說栩栩如生地躍於紙上。

十九、朱子學與實學

　　益軒所謂的「實學」是指與《論語》中所謂的「爲人」的名利之學相對的「爲己」的修身之學而言（《益軒全集》卷三《大和俗訓》卷一），不過，前面也說過，實際上可以說「有用之學」就是「實學」。只是對實學加以徹底申論的是宋代以後的事。

　　實原來是指與虛相對的實，與空相對的眞而言。可是，宋明時代所說的實學的實的意思却是多歧而不一致的，包括與虛僞虛妄相對的誠實眞實，與觀念空想相對的現實事實，與無益無用相對的有益有用，與空言虛說相對的實事實得，以及與思辯理論相對的體認實踐等。提出儒教之道是實的主張，借着「實學」這個名稱來強調與佛教老莊之學相對的儒教的特色並對佛老加以排斥的是宋代以後的事。最初提出儒學就是實學的是北宋的大儒程伊川。他說「治經乃實學也」（《和刻二程全書》卷一），經書裏所說的道雖然有大小、遠近、高下的分別，可是就如同《中庸》裏所談到的上自至極的高遠之理，下至卑近的實事，國家的九經、歷代聖人的事迹都包括在內一樣，沒有一件不是實學（同）。朱子也在《中庸章句》的卷頭舉出了程子的這個實學論，主張《中庸》所說的理就是外涉及六合（世界），中退藏身心的實學。

當時「實學」一語似已流行於儒者之間，著排斥佛教的專書《崇正辯》的胡文忠（寅）以「致用」之有無來區別儒與佛，他說「六經」之學乃是實學（《崇正辯》卷二），朱子的講友呂東萊說：「不陷於俗儒之泅者必能求實學」（《圖書集成》、《東萊文集》卷一，乾道六年輪對劄子第一首），同樣的，張南軒也說：「蓋聖門之實學循循有序」（《南軒先生文集》卷二六，〈答周允升〉）。此外，主張唯心的理學的陸象山也說：「蓋古人致實學，後人尚不免議論辭說之累」（《陸象山全集》卷七，與詹子南第三書）。他們為什麼有必要講求實而強調實學呢？這是因為他們深切地感覺到長期支配思想界的異端異學，也就是佛教老莊之學，訓詁辭章之學有陷入虛的弊害的緣故。所以，程子的先輩石徂徠斥責佛教、老莊。時文說：「去此物而後有為」（《居士集》卷二、〈徂徠先生墓誌銘〉）。程子認為現在之學有文章辭藻、訓詁及異端三弊（《二程全書》卷一九）。胡文忠說：「此儒為實彼（佛）為虛」（《崇正辯》卷二），朱子也說：「儒釋之分唯虛實而已。」（《朱子語類》卷一二四），以虛與實來區別儒教與佛教。張南軒也強調儒之實以排斥佛之虛，又以虛實論儒佛之別。（《南軒先生文集》卷二五、〈答林擇之〉。同卷二六、〈答周允升〉）。

　　從上面所說的大致可以推察出宋儒的實學內容以及他們提倡實學的動機。再從下面的朱子的書翰，我們應該可以了解實學的要旨：

　　　近世學者不知聖門實學之根本次第，而溺於老佛之說，無致知之功無力行之實，而常妄意天地萬物人倫日用之外別

有一物，空虛玄妙不可測度，其心懸懸然，惟徼幸於一見此物以為極致，而視天地萬物本然之理人倫日用當然之事皆以為是非要妙，特可以姑存而無害云。

在實學上首先強調的是作為實用的學問，也就是胡文忠所說的「適於用」（《崇正辯》卷二）之學，朱子所說的「當世之用」（《朱子文集》卷六九，〈學校貢舉私議〉）之學。呂東萊談到設大學的目的說，「建學」是為了講實學、育美材、求實用（《東萊文集》卷二，〈大學策問〉），這也是推進實用之學的實學的主張。不過，對實學論述得最詳細的還是朱子。

所謂實用之學，具體的說就是對家、國、社會中的人類的共同生活有實際貢獻的學問，在朱子看來，實用之學固然涉及人倫日常上當然發生的事情，還包括，前面也提過的，禮樂、制度、天文、地理、兵法、刑法、律呂、象數等所謂時務上的重要事情，以及對國家治亂興亡的前因後果所不可缺少的知識，因此，實用之學是包括了社會、自然、歷史的廣範圍的東西。所以，朱子認為我們單依靠見聞是不夠的，還必須通經術、習史實、讀諸子之書、研究先儒之說，追求有關在人類的共同生活上所不可少的人倫道德、政治經濟、社會上的原理以及具體的政策設施的知識並付諸實行。朱子的主張還不止於此，研究與人類生活不可分的自然界諸現象的法則也包括在實學裏面。其中，晚年的朱子下了最大工夫的是對規定人與人之間共同生活的諸般的禮的研究，這從他編著《儀禮經傳通解》一事也可以知道。要言之，朱子的實學不僅包括人倫當然的法則，還涉及社會自然的必然法則，不過，作為一個儒者，朱子實學的最終究極處自然是歸於人道的，

只是朱子認爲這也必須順應生萬物的天地之心。朱子倫理思想之
所以廣大切至，其理由就在這裏。

　　上面概略地說明了宋儒，尤其是朱子的實學論，從這裏我們
大致可以理解益軒的實學論與朱子學有着多麼深的關係。總而言
之，不管是朱子也好，益軒也好，他們首先強調的是實學乃是有
用之學，可是，仔細考察的話，我們會發現益軒的實學與朱子的
多少有些不同的地方，朱子的實學是把重點放在禮上，益軒的則
放在庶民的日常生活上，不管是多麼卑近的事物，只要是實用的
就是益軒實學的對象，而且沒有專門和啓蒙的分別，廣泛地涉及
到必要的科學技術各方面。後世的學者由於特別重視這一點，所
以一提到益軒的實學就不免侷限在這一點上，但是，這乃是狹義
的實學，前面也說過，實學本來應該作廣義的解釋的，這是非常
重要的事，因爲，廣義的實學論到了自然與人生，自然科學與人
類等我們今天所面臨的問題。不過，後面也會提到，益軒的科學
技術方面的實學，實際上也是朱子實學的展開。

二〇、實學與全體大用思想

前面也敍述過，益軒雖然反復強調有用之學，可是他還是以人倫為其根本而主張二者之間有本末的區別。但是，雖然以身心順應人倫之道、道德性命而不能夠配合社會生活，實現於事功上的話，則不免有成為「有體無用」之物的危險。因此，宋胡安定主張「明體適用」，程伊川提出「體用一源，顯微無間」而朱子提出了「全體大用」的主張。朱子的全體大用之學是揚棄了佛老的虛無之學與事功派的事功之學以後的產物，是集超越了佛老之學的周濂溪的無的思想及胡、程的體用論的大成之物。

朱子把人倫道德盡歸於心性，他認為如果不窮究心性的精微處，理想的經世就無法實現。但是，如果不廣泛地在萬物上一一窮究其理的話，心的全體就不可得，其大用亦無法實現。所以他說：「眾物之表裏精粗無不到，而吾心之全體大用無不明矣！」（《大學章句》補傳）。換句話說，朱子主張必須一一窮究天下事物的精微義理，吾輩之聰明英知才能究明心之本體。這裏所說的全體是指虛的心體具備眾理的意思，大用則是指靈活的心的活動順應萬事的意思，心的全體是以廣生萬物的仁之理為中心，大用則是以待人處事的愛心為中心。舉例來說明這個思想的話，前述的朱子的社倉法就是一個具體的例子。要言之，朱子的全體大

用論的重點就是必須窮盡萬物之衆理才能達到心的全體大用。朱子的後繼者多以此爲朱子學的重點所在，在他們的手中，這個思想也有了進一步的發展。

　　益軒的實學事實上與朱子的全體大用的思想也有密切的關係。益軒雖然主張要「省一身所備之道，泛究萬物之理」，而且，如前所述，其中有本末之別，並且有統紀，也就是根本之法（《愼思錄》卷一），不過，他認爲不廣窮萬理就無法窮究吾身所具備的義理精微。他曾經說：「萬事有其不可不學之術，不知此術則難成其事」（《養生訓》卷七），從他強調技術的重要也可以知道他是如何地重視窮理的吧！此外，益軒閱讀了朱子的再傳門人，朱子全體大用思想的第一個繼承者眞西山的《心經》、《大學衍義》，明程篁墩的《心經附註》以及丘瓊山的《大學衍義補》等事也可以作爲傍證的吧！（《玩古目錄》）。只是，朱子的全體大用是以政治、社會、經濟爲中心，益軒則是把重點放在科學技術上面，開拓了獨創的分野，爲社會帶來了很大的裨益。此外，他與一般儒者在立於人上的治者的自覺下所作的貢獻是多少有些不同的，他是以庶民之心爲心，以對他們的實際生活有用的東西爲對象，不僅窮究與他們的日常卑近的人倫道德有關的事物，還對他們實際生活有益的東西作廣範圍的究明，還著作了許多以庶民爲對象的和文的啓蒙實用書，他認爲這是作爲一個儒者的使命，這些都可以說是益軒實學的特色吧！

二一、實學與萬物一體的仁

　　前面也敍述過，益軒是黑田藩的儒者，經常走動於京都、江戶之間，廣交當時的大儒，與他們並肩開講授徒，又爲藩主、世子講授儒書，在儒學的專門領域裏面，益軒也是一個發表了名著的大儒。可是盡管如此，他仍然以庶民爲對象研究實學，在這上面傾注了他的精力，其理由何在呢？這雖然與當時實學研究已成風氣的社會環境有關，主要還是因爲益軒親身體認了儒學上所謂的「萬物一體」的仁而對庶民生活懷抱着深厚的感情的緣故吧！這個思想宋明儒者已加以切論過，要言之，這也就是孔子的仁的思想的展開。益軒接受了這個思想，再加上日本的國體觀、民族觀、國土觀的潤色，而形成了益軒的萬物一體思想的特色。一般以益軒爲對象的研究家雖然重視益軒的《大疑錄》《愼思錄》以及其他的許多實學啓蒙書，尤其是有關科學技術的成果，可是對益軒的實學研究事實上是以高遠的仁的思想，也就是萬物一體思想爲基礎這件事却有忽視的傾向，這不能不說是非常遺憾的。

　　益軒對於仁以及萬物一體思想的論述在他全集中隨處可見，而其中以門人，竹田春庵爲益軒的《文訓》（《益軒全集》卷三）所寫的序文中引用的益軒之論最爲簡單明瞭，舉出如下：

天生萬民，順應其才任以益於人之事，上自經世下至有一
材一藝者皆適其才任其事，是為其天職也。皇天生我，又
以飲食、衣服、居室、財用養育我身，無一不備，無一不
足，此皆天賜也，吾輩難報其恩德於萬一，唯諒天憐人之
心，做有益之事，庶幾可報之於萬一也，苟非如此，食嘉
穀，度白日，空過一生，誠足恐也。自忖材藝無他，幸讀
古人書，略知為文之事，是以曉喻庸俗，庶幾裨益於人。
性命道德之精微非後學所能及，況先賢之遺言旣已著明且
詳悉，誦之有餘，不待末學之贅言也，僅著些少文字，使
成童蒙民俗之一助，是為己任也。

　　朱子認爲，宇宙本體的太極之理，也就是所以然之理的活動
雖然是順應自然的，可是決不是機械性的，其中還包含着生成
萬物的崇高目的，所以我們稱之爲「天地之心」，《易》裏面以
〈生〉爲天地的大德也就是這個緣故。天地最高的德是「元」，
在人來說就是「仁」了。所以，不管是元也好，仁也好，都是所
以然之理。朱子強調天卽人，人卽天是天人合一的精妙處，其理
由也就在此。這樣一來，家和國的道德就自然與宇宙的本體合
而爲一，進而產生了遵守這些道德就能達成天地的偉大目的的信
念。朱子所以重視張橫渠的《西銘》，其理由在此（拙著《宋明
哲學序說》六章，六）。《西銘》裏面論述的是萬物一體的仁，
也就是同胞愛。以天地爲生民之父母，民衆都是自己的同胞，萬
物與我氣息相通，而且「雖不信神但較之信神者具有更豐富的宗
教情感，強調了基於尊敬和恐懼的仁愛的道德」（楠本正繼博士
《宋明時代儒學思想的研究》三章、三節）。根據《西銘》的說

法，家族、社會、國家的道德都充滿了親愛與虔敬之念，把對父
母的情愛轉向天，把對天的敬畏和歸依之念移向家族、社會、國
家，我們可以說《西銘》中所提倡的是充滿了虔敬與信賴，以情
愛爲中心的天人合一。益軒也提倡這種萬物一體的仁和天人合一
的理，他說：「聖人悉體天地之心，天地生物之心與聖人仁民之
心，其理一，其量亦同」(《益軒全集》卷二〈愼思錄〉卷二)。
這也受了《西銘》思想很大的影響，益軒敍述此書的大意如下：

> 君子一生之立心，全在事天地，蓋能事父母爲孝，能事天
> 地爲仁，夫以天地爲大父母而事之，以萬物爲一體而愛之，
> 張子《西銘》所以發明此道理也，宜玩味而體認之。……
> 儒者一生之事業，平日之工夫何事也，予答之曰，事天而
> 已。請問事天之道，曰，仁而已。爲仁之道奈何，曰，有
> 體用之別，存心養性者，所以仁之體立也。愛育人物者，
> 所以仁之用行也。是皆爲仁之事，而所以事天也。……天
> 地者萬物之父母，生民之本也。豈當稟氣之初，資其始生
> 之功而已耶，有生之後，覆載生育之恩，亦係乎此也。欲
> 報之德，奈其罔極何。生民不可不思仰其恩祇畏而奉若之。
> 豈可忘其本負其德而忽略之乎哉。故君子終身之工夫，不
> 當在事天地而盡其道而已矣。是張子西銘之意。
> 事天地之道如何，曰，在承順于其心而不違也。天地之心
> 如何，曰，生而已。易曰，天地之大德曰生，天地之道無
> 他，唯以生物爲心而已。觀夫造化生育之理，貫徹于古
> 今，流行於四時，而頃刻之間，未曾止息。其生物之理無
> 窮，於此乎可見。所謂天地之心也，其所生之人，亦各

得天地生物之心以為心。所謂仁也。所以人皆有不忍人之
心。孟子曰，存其心養其性。所以事天也。天賦人以心
性，故存養於吾心性，便所以事天也。譬如君授臣以職
事，能修舉其職事，則是所以能事君也。人之事天地亦
然，能順承其所授而不違，所以事之也。順承而不違之道
如何，曰，天地能生於物，然不能自成，又必借人力之裁
成輔相，而後成之。故事天地者，愛育天地所生養之人物
而不害，是承順之道。而乃所謂仁也。孔子曰，斷一樹，
殺一獸，不以其時非孝也，是謂事天不孝也。可見仁孝一
理。故曰，仁人之事親也，如事天，事天如事親。是故孝
子成身，是行仁者。所以事天地而為孝也。……夫存養於
心性，而愛育於人物，是卽行仁之事，而君子所以事天地
之道也。

　　讀了上面的文章，我們可以想像到益軒所受的《西銘》萬物
一體思想的薰冶是多麼地深刻。不過，我們仔細考察益軒的萬物
一體思想的話，我們會發現，益軒的萬物一體思想比《西銘》中
所論述的更加重孝，而且更富有宗教性，這是因為益軒對天地、
神祇、君父、聖人、師、親族、農民等廣泛地懷抱着眞切的敬
畏、感恩、報恩之心的緣故。比方說，《愼思錄》卷二中有下面
的敍述。

　　　恩報乃人道上不可不為之事，……天覆萬物地載萬物。父
　　生母育，君主育養，聖人教導，師長誘導。在在都對我們
　　有著無窮的恩典，無一日可以忘懷。山犬、狼等尚知報

恩。故忘恩背德者猶不如山犬、狼也。為學問者躬省吾身，對於君親天地，聖人師長，不得或忘報恩之念，對君主盡忠，對父母盡孝，事天地，報恩德之志更不可一日有忘。唯人對君父師長之恩大體知曉，但對天地聖人之恩則知者甚少。這是為學問者所必須記在心裏的。

君子致力於感恩報德之事，而眾人則易於忽略。司馬溫公說：「受人之恩不忍負者，此人必忠誠也」。誠然也。所謂忠孝者亦即不忘君父之恩也。世間，受人之恩不知回報甚且辜負者多矣。……況且，世間一般人受人之恩，開始時勤於回報，到後來則有懈怠之事，此為人之常情也。依我所見，感恩及忘恩乃君子與小人之區別所在，知恩及不知恩則為人與禽獸之區分所在也。……受恩不忘乃君子之所為，忘恩負德乃小人之所為也。為學問者在這點上不可不用心。

如有忘恩負德者，此人事父則為不孝之人，事君則為不忠之人。因忠孝乃報恩之大事也。如無報恩之心則不可能竭盡忠孝。君子之所為非常多，而其中以報恩一事最為重要。如有忘恩之事，則其他之所為皆不足觀也。故為學問者必須反躬自省，確切反省自己有無報恩之心。生為人而不能事天地，為人子而不能事父母，為人臣而不能事君主，為人弟子而不能事師長，受人恩惠而不知回報，這些都是忘恩背德之人，這樣的人不可以立於人之上，只有重信義，擇善固執的人才知感恩圖報，優柔寡斷的人接受了恩惠以後雖有愉悅之情卻無感激之心，故不足以報恩也。

　　上面所敍述的以感恩、報恩爲本的益軒的萬物一體的思想是在所謂的「訓語」當中，用日文寫的比較淺近容易爲當時的人所了解的東西，下面的《養生訓》卷三（《益軒全集》卷三）中的一文則表現了儒者益軒對着廣泛的天地萬物懷抱着多麼深厚的感恩及報恩之念。

　　　　食時有五思，一思此食之來處，幼承父養，年長仰靠君恩，思此不可忘也，或無君父而受兄弟親族他人之養，亦當思此食之來處，不可忘此恩惠也。營農工商者亦當思其國恩。二思農夫勤勞生產此食之辛苦，不可忘懷，不親耕而居安樂，受其食，樂其樂也。三思吾人無才無德，又無撫君治民之功，而得此美味之養，誠幸甚也。四思世上較吾貧者衆多，糟糠之食亦不得飽食，或有餓死者，吾得食嘉穀，無飢餒之憂，非人幸哉！五思上古之時，上古無五穀，食草木之果實根葉以充飢，其後有五穀而不知熟食，無釜甑不得煮食，生食入口，無味又損腸胃。如今有熟軟白飯，盡情飽食，又有熱食，又有菜餚，又有早晚餐食，更有酒醴悅心，暢通氣血。是故每逢朝飯夕餐，必作此五思，或其中之一二亦可，輪流思之，不可或忘。如是則日日樂在其中矣。是愚臆說，妄此記之。僧家有食時之五觀，不同於此也。

　　要言之，益軒所敍述的是，對天地神祇沒有敬畏恭順之念，對人沒有報恩之心的人是忘恩背德之人，這樣的人必然會觸怒天地，他以感恩報恩之有無來區別君子和小人，益軒是把充分理解

萬物一體之理以事天的工作認爲是儒者終身的使命，一生的事業吧！只是，從益軒的仁孝一理之說來看，他雖然排斥陸王的心學，可是，他還是接受了他們這一派的重孝思想的影響吧！

在益軒的萬物一體的思想裏面，有一點必須記住的是，他所提出來的思想與繼承了「知足安分」的程伊川之說（《易傳》〈履卦傳〉）而主張在「盡吾職分」的地方也包含着萬物一體的仁的王陽明的思想（拙著，《王陽明與明末儒學》二章，二節）是一致的。益軒認爲，貧富貴賤各有各的職責範圍，四民（士農工商）竭盡天職就是對天地報恩（《益軒全集》卷二。〈慎思錄〉卷五。同卷二。〈花譜〉下卷）。益軒究竟以什麼爲他自己的天職呢？這在《大和本草》的〈凡例〉中敍述得很清楚，他說他自己別無可以發揮的學問，廣濟衆人的權勢地位也沒有。想要解說經書而先賢又早已寫了了不起的書物。再說，吾身庸才薄德，沒有以道學爲己任的才德。如果能以日文著述有益於鄉里庶民兒童敎化的書物，則至少可補益民生日常於萬一，這樣才能使吾身免於成爲天地間之害蟲，免去陷入有愧天地的不孝之罪。從這些話，我們可以知道益軒志於實學的動機，目的和精神。這在前面已經敍述過了。此外，益軒雖然提出萬物一體的仁，可是他也說過，愛萬物是理一，而其間有親疏、高卑、厚薄之別的是分殊（同卷三《五常訓》卷四）。從這裏，我們可以說，益軒充分理解了《西銘》的萬物一體思想中的理一分殊之道。

二二、養生訓

　　益軒在實學上留下了畫時代的業績，他旣信奉朱子學又對朱子學懷抱着大疑，他精通本草學、醫學而留下了有益後人的養生訓。我們說這三點是使得後世的有識之士對益軒特別感到興趣的理由也不算過言。尤其是養生訓，受到後人很深的關切，也出現了許多有關的論文和著作。養生訓是益軒用日文所寫的「訓語」中之一，「訓語」是一種啓蒙書，其中以五常訓和養生訓最爲有名，養生訓尤其膾炙人口。在這裏，先敍述益軒的養生訓中所說的養生法與儒教的關係，再說一下益軒所主張的老人的養生法，以配合近年世人對成人病的深切的關心。

　　儒教的經書之一，書經的洪範中舉出了幸福人生的五個條件，是所謂五福。第一、長壽，第二、富，第三、健康與心中的安寧，第四、好德，第五、全天壽。所謂好德的德當然就是儒教所說的德，是以人倫爲根本的東西，把好德作爲幸福的一個條件，自然是基於儒教的人生觀、社會觀、世界觀而來的看法。爲什麼把長壽放在五福裏的第一項呢？這是因爲只有長壽才能享受各種幸福的緣故。後世的儒者認爲，只有長壽才能獲得許多快樂和利益。比方說，長壽可以使不知道的事情變爲知道，不可能的事情變成可能，長壽又能使學問長進，知識明達。這是儒教的理

想。長壽是達成理想的必要條件，所以，如果只有長壽而無所作爲，一生醉生夢死的話，則非儒教之所望了。洪範又舉出了所謂六極的六種不幸的事情，第一是遭凶害而夭折，第二是罹病，第三是心有憂患，第四是貧苦，第五是過於剛強而遭來禍患，第六是過於柔弱而受辱。在這裏我們需要注意的是，書經裏認爲五福必須順從上帝之命才能獲得，否則則會招來六極。所以，伊訓中有下面的話，

「惟上帝不常，作善降之百祥，作不善降之百殃，」書經中認爲，人生的幸與不幸完全決定於是否順從道德的絕對權威的上帝的命令，而長壽乃是最大的幸福。這樣的幸福論可以說是基於道德的人生觀、社會觀和世界觀而來的。所以，儒教有關老人的養生說及一般的養生說也都是從這個觀點出發的。

養生法固然是以得長壽，享天年爲其終極的目的，可是，諸家各有其不同的內容，這是由於人生觀、社會觀、世界觀各異的緣故。綜觀中國的思想史，可以分爲三個系列，第一是以道德的人性爲根本的理想主義，儒教屬此。第二是從功利的人性出發的現實主義，法家、兵家、外交家屬此。第三是基於人的宗教性的超越主義，道教屬此，佛教也可以說是屬於這一系列。儒教站在理想主義的立場，以道德的人性爲根本，在萬物一體的思想下，認爲人我應該同心一德，所以，要使自己的人生完美就必須先促成全體的人生完美，二者是不可分的。因此，修身與經世濟民是一體的，眞正的修身必須在做到經世濟民以後才算完成，而眞正的經世濟民也必須以修身爲根本，總之，修身是最根本的，因此，人格的形成就是經綸，而人格的形成自然是以人倫爲基礎，所以，天所賜與的生命必須予以保全，從這裏來看，儒教講求養

生訓也就是當然的事了。站在現實主義立場的人因爲是從功利的人性出發，認爲彼我是互相對立，互相鬥爭的，所以他們講求如何絕對地支配和制御他人。因此他們不講求人倫和宗教，也不講求養生訓。超越主義的道教和佛教是以宗教的人性爲基調，他們宿命地認爲人畢竟無法避免欲念的苦惱，只有歸依超越的絕對者才能獲得解脫，獲得永遠的生命。所以他們也講求養生訓。要言之，講求養生訓的是自古以來支配中國思想界的理想主義的儒教以及超越主義的道教和佛教。

中國的養生說和其他的國家一樣，是從身體、精神和社會三方面加以說明的，不過，在中國，道教比儒教更加強調養生說，而且有其獨自的發展。道教最初也重視社會和精神兩方面，不僅要藉着處世術和心術來保全生命，還特別要藉着精微的心術來除去所有的欲念，以獲得絕對的自由及光明輝煌的永遠的生命，這就是養生的目的。可是，後來，養生的日的開始從精神的世界轉向肉體的世界，結果，出現了驚人數量的各種各樣的養生法。

我們可以說儒教與道教的養生說的根本不同的地方在於是否以人倫爲基礎，前面提到的書經中的幸福論也告訴了我們，儒教的養生法乃是以人倫爲根本的。如衆所周知，儒教在人倫當中最重視的是仁，仁是包括了諸德的最高之德，像這樣對仁加以重視是開始於孔子的，孔子說：「仁者壽」也就是說，修德乃是保持長壽之道。而儒教又以孝悌爲行仁之本，所謂「孝悌者，此行仁之本哉！」以孝悌爲所有的德行的基礎，而在孝悌當中又特別重視孝，而且從這個觀點說明了保全身體的必要。孝經的下面這段話把這個意思表現得很清楚。

> 身體膚髮受之父母，不敢毀傷，孝之始也；立身、行道、
> 揚名於後世，以顯父母，孝之終也。

儒教認為身體受之於父母，亦即父母身體的延續，所以，保全身體乃是對父母盡孝養的根本，不過，其最後的目的還是要以德行來完成人格，留聲名於後世，藉以顯揚父母的名聲。

儒教重視人倫和道義，所以又有下面的話：

> 志士仁人求生以不害仁，殺身以成仁。

在必要的時候，為了道義可捨身以殉道，這與剛才的保身以盡孝的說法是否有所矛盾呢？儒教將道義的實踐分為經與權兩種，也就是說有常法和變法兩種，兩者都不算違背道義，殺身殉道是變，這與保全身體一事並不矛盾。從常變論的觀點來說明養生的是日本德川時代的儒者──貝原益軒。益軒著有有名的養生訓，裏面敍述說，凡事有常有變，在平安無事的時候應該盡量保全身命，可是，在面臨有事大節的時候就必須捨身相對，這是所謂順應時變時宜，平常健身養氣，在面臨大事大節的時候才能夠發揮必要的勇氣。這對一個站在人倫的立場，講求養生的儒者來說應該是當然的事吧！

到了後來，儒教開始從深遠的哲學觀點，藉生成論、存在論來論述人的存在，這是因為受到了道教和佛教影響的緣故。在這個觀點之下宇宙萬物都是由理和氣所生成的，氣是質料，理是萬物存在的根源和規範。內在於物中的理就是性，人是從氣之精粹所生成的，性中具備了人倫道德。從這個觀點來看，不僅人和人

之間是同氣同體的同胞，人和天地間的萬物也是息息相關的。不過，儒教的生成論絕對不是一種機械論，雖然是順應必然的法則，但其背後有目的存在，是一種有目的的世界觀，儒教原來是以人倫為基礎的，所以，生成論的目的也就是要使萬物分別順應各自的天性，以保全自己的生命。「生」乃是天地之大德，以其為「生天地萬物之心」的理由就在此。

　　上面的生成論出現以後，儒教的孝的思想變得更廣大深遠。因為孝順報恩的對象不僅限於父母，還包括了所有生育自己的萬物。比方說，對生產食物的人，教導子弟的教師，治理國家的國君，甚至對使自己存在的宇宙的根源都應該懷抱感恩之念，對他們的報恩就是孝。所謂報答天地之恩就是這個意思。而且，這裏面所包含的虔敬的宗教情感和一般的宗教比較起來可以說有過之而無不及。後世的養生說就是以這種廣大深遠的報恩思想為基礎的。其中說明得最詳細肯切的就是貝原益軒的養生訓了。他說：

> 人生在世，誠心對父母天地盡孝，行人倫之道，順義理行
> 事，享盡福壽天年，享盡喜樂，誠乃人之所願也，欲達此
> 目的，則須遵守先古之道，學習養生之術，善保吾身，是
> 人生第一大事也。人身無處不貴重，天下四海無替代之物
> 也，故如不講求養生術，縱慾亡身，是至愚也。

儒者益軒，站在自己的養生觀點，對俗人，陋儒和仙家的養生說加以批判也是當然的事吧！他說：

> 俗人恣慾而行，背禮義而不養氣，不能保天年，二分理氣

而盡失焉。仙術之士偏於養氣，不好道理，故捨禮義而廢
工夫也。陋儒偏於理而不養氣，不明修養之道，不能保天
年。此二者皆非君子所行之道也。

益軒精通宋明理學（即新理學），博學多識，並在實學方面
留下了盡時代的業績。在實學裏面又特別精通醫學，本草學，所
以，他的養生說內容豐富，述說詳盡。而且，他的養生說裏面固
然包括了儒學中所說的靜坐，還將仙家所說的丹田呼吸，導引
術，佛教的坐禪等加以活用。益軒的養生訓中有養老一節，特別
對老年人所應該知道的養生法加以具體而詳細的說明。其中還敍
述了做兒女的所應該留意的事，做兒女的應該常常使老人快樂，
盡量不違背他們的意思，不要使他們生氣或擔心，將起居室、寢
室收拾整齊，準備美味的飲食，誠心誠意地孝養他們。老年人大
體胃腸衰弱，所以對他們必須像對小孩一樣注意他們的飲食。

老人自己必須注意的養生法，主要的有下面三項，（1）享受
人生，（2）養氣勿傷，（3）避免罹病。下面就舉出具體的例子，
以說明其概要：

1. 享受人生

這是益軒的老人養生訓的基本。益軒認爲，老人來日無多，
一日千金，應該盡量享受人生，死而後已。他說：

人老了以後，日子過得要比年輕人快十倍，所以要把一日
當十日，十日當百日，一月當一年，歡樂地渡過，要愛惜
寸陰，從容地享受餘日，要心平氣和清心寡欲，使身體得

到保養，老年人不可一日不樂，不可一日空過，老後的歲
月須以一日千金視也。

益軒所說的快樂並不是滿足慾望一類的世俗之物，而是以人
類的天性爲基礎的東西。這裏所說的天性自然包含了人倫之理。
益軒所說的老人的快樂雖然有對自的和對事的、對人的分別，也
有積極的和消極的不同，可是這些東西是處於一種有機的關係之
中，所以要加以嚴密的區分是很困難的。現在就把養生訓中所敍
述的，不作嚴密的區分，僅概略地列舉如下：

(1) 世上受兒女奉養的老人，年輕時容易發怒而慾望多的
人，責子尤人的必多。這樣一來則晚節難全，心中不得
安寧，所以，老人應愼慾抑怒，多所容忍，不責子之不
孝，不怨天尤人，常使心中快樂，這是最適合老年人的
生活態度。

(2) 對於子弟或他人的過錯不加責備，不去怨尤，要予以寬
容。比方說，遇到別人的無禮橫逆的時候，就把它看作
是浮世的風習而不去怨尤，要無憂無慮地安於天命，歡
樂渡日。

(3) 不要爲過去的過失憤尤，或者太過於後悔多慮，要除掉
一切煩心的事，隨時歡樂。

(4) 清晨，在安靜的房間靜坐，誦讀聖經，要除去俗慮，使
心中潔淨。

(5) 要經常清掃桌子以及硯臺上的灰塵及席上的塵埃。

(6) 心中不留一物，爲天地、山川、四時的好景、草木的欣
榮而喜樂。

(7) 在天氣好的時候，從容緩步於庭園之中，賞玩草木，觀賞時景。

(8) 健康的時候，攀登高處，開拓心胸，發散鬱氣。

2. 養氣，而不要傷氣，老人血氣衰退，萬物必須小心謹愼，不要做力不從心之事，以免損傷元氣。

(1) 要使氣息平靜，不可粗暴。

(2) 話不要說得太多，太快，盡量避免高言、高笑、高歌。

(3) 要避免行遠路、拿重物，不要爲了技藝花卉過於用心以致於傷氣勞神。

(4) 盡量不要參與喪葬之事，不要與世俗之人廣泛交際。

(5) 經常盤腿靜坐，可用靠背撐住腰，但不可躺下。

3. 避免罹病

老人體力衰退，所以必須留意，避免生病，否則有生命的危險。

(1) 老人稍微一勞動就很容易疲勞而患病，甚至於死亡，所以必須特別謹愼小心。

(2) 不可忽視口腹之養，吃的量要少，但要吃有營養的東西，尤其是夏天要特別注意保養，要注意衞生避免下痢。

養生訓裏面對一般養生的意義、目的和方法有詳細的說明，其中也有論及老人養生的地方，而且，那裏面所敍述的養生法也有許多適合老人的養生，在此加以省略。

二三、貝原益軒的學問與現代

　　近來，社會上對「公害」問題的討論變得活潑起來了。不可否認的，科學的進步，工業技術的發達為人類的生活帶來了很大的助益，可是，接着有禍害隨附而來這件事却很容易被人所忽略。所以古人教人福中有禍，智者必知有利就有害。近年來，科學技術雖然有長足的進步，可是由於在這方面的考慮不足，所以才會發生今天這樣的公害問題。

　　科學與技術本來與道德、人生是不可分離的。可是，近年來的科學與技術却離開了道德、人生而向着獨自的方向發展，也就是說，忘記了背後應該有一個哲學的世界觀的存在，這大概就是問題的根源所在了。如果確實是如此的話，那麼，益軒的為學態度可以說向今天的我們提示了一個非常重要的問題。

　　益軒是十七世紀生於福岡的偉大學者，在博學多聞這一點上，是當時首屈一指的大儒，又在科學技術等實用之學，也就是所謂的實學上面，留下了令人刮目相看的偉大業績。他的著作《大和本草》《筑前國續風土記》《養生訓》可說名聞遐邇，而他在實學上所主張的合理的、經驗的、實證的方法更具有畫時代的意義，為日本的實學提供了多大的貢獻，這也是衆所周知的事。

現代日本一般把自然科學或科學技術之學稱作「實學」其實，把實學的意義限定在這方面乃是最近的事，以前，所謂「實學」是「有用之學」也就是對人類的日常生活有助益的學問，科學技術也包含在裏面。這樣的實學最早是宋儒提出來的，他們主張老莊、佛教之學是虛學，無用之學，而儒學是實學，有用之學。

對實學探究得最爲廣泛而精深的是朱子學，所以，朱子學的實學是要人充分修得道德哲學、人生哲學，再以此爲根本來廣泛地探究人文、社會以致於自然各事物的法則和原理，也就是要廣泛地修習窮理之學，並且使它們具體實現於人類的實際生活之上。

在前面所說的實學裏面，雖然前者和後者有本末之別，可是，必須要對後者加以窮究以後，前者才能保持它的絕對性，所以，盡管一個人具有多麼深遠純粹的道心，可是如果不廣泛地作窮理的工夫的話，結果還是會陷入老莊佛教的虛無無用。朱子學把這個稱作全體大用之學，這裏所說的體就是仁，用就是愛，要在廣泛地窮理之後，才能使仁之體成爲完全的東西，使愛之用成爲廣大的東西，這就是爲什麼朱子把實學稱作全體大用之學的理由了，益軒的實學其實就是基於朱子學的全體大用的思想而來的東西。

雖然如此，兩者之間還是多少有所區別的，因爲，朱子學的全體大用之學主要是以政治、社會問題爲中心，而益軒的實學則是把重點放在庶民日常生活所必須的科學技術上的。

如衆所周知，在專門方面也好，在啓蒙方面也好，益軒爲了庶民著作了許多實學書公諸於世，貢獻社會，這當然是益軒的廣大高遠的仁心的發露。益軒也和朱子一樣，認爲這樣的仁心就是

生育萬物的天地的大德，也就是所謂的天地之心。所以我們可以說，益軒在實學上的抱負乃是從以最高的天人合一之德的仁爲根本的儒者的使命感而來的東西。

在益軒來說，爲了庶民的利益從事實學研究，並且著作許多實學書是適合他的才能的事，也是他分內的事。唯有實現這些分內的事，他才能夠報答生育萬物的天地的大恩。他不僅把對家族的仁愛之情施於社會人類，同時還施於天地，他滿懷的宗教宇宙感超過了其他的人對神的信仰。宋明儒者把這種思想稱作萬物一體的仁，後世稱之爲萬物一體思想，這是儒教哲學的最高境界。

要言之，益軒的實學是以全體大用及萬物一體的思想爲其根源的，換句話說，益軒在道德哲學，人生哲學的前提下從事實學而創出那樣輝煌的業績，他的實學並不是離開這些思想背景而獨自展開的。現代從事科學技術工作的人應該從益軒的學問當中學到很多東西吧！希望益軒的學問能促使我們對今天科學技術的發展方向作一個全盤性的思考和反省。

略　年　譜

和　曆	西曆	年齡	事　　　　　　　　　蹟
寬永 7	1630	1	十一月十四日生於福岡城內東邸。
8	1641	2	移住博多片原町。
12	1635	6	與母死別。
13	1636	7	移住博多袖之湊，愛讀草子類。
14	1637	8	移住穗波郡八木山之知行所。
15	1638	9	隨兄存齋等學漢文。接受《三體詩絕句》之口授。
16	1639	10	愛讀和語辭典。
17	1640	11	隨父寬齋移住福岡新大工町。
18	1641	12	三月，隨父移住怡土郡井原村。
20	1643	14	父寬齋失知行所。兄存齋自京都歸。移住福岡荒戶新町，從存齋習《四書》，因兄之勸告放棄佛教信仰，除夕歸井原村。此年，隨父學醫藥，並護醫藥之書。
正保元	1644	15	上福岡，從存齋學儒書，父寬齋再度出仕，任江戶詰。（四年）
3	1646	17	移住福岡荒津。讀《小學》。
慶安元	1648	19	五月，祖母去世，十月，仕藩主忠之

			(御納戶御召料方)。多，隨父往江戶。
慶安 2	1649	20	三月，自江戶歸。八月，從忠之往長崎。歸藩後，受忠之之命閉居，十一月，任近待役。
3	1650	21	八月，觸怒忠之，成爲浪人。(七年)
4	1651	22	讀《近思錄》。
承應 3	1654	25	多，二度赴長崎尋求書籍。
明曆元	1655	26	春，遊長崎。赴江戶與父同居。四月下旬於川崎之旅舍剃髮。號秀齋。屢訪林鵞峯。
2	1656	27	十月，隨父離開江戶，途中參詣伊勢神宮歸藩。十一月，受出仕之命事奉藩主光之。
3	1657	28	一月，任職於立花勘左衞門的屬下，立花後來成爲益軒的門弟。三月，講義《大學》的序。四月，受命遊學京都，訪松永尺五、山崎闇齋、木下順庵。聽闇齋之講義。
萬治元	1658	29	二月，講義《大學》。三月講義《論語》。九月移住堀川。當時，經常列席順庵的講席，相互往來，成爲親交。十一月，初會向井靈蘭(元升)。
3	1660	31	一月，講義《小學》。與松下見林結爲親交。十一月，受命前往江戶。

（滯留四個月）

寬文元	1661	32	二月，聽林鵞峯講義《易學啓蒙》。四月赴京都。五月，與宮崎安貞同訪京都名勝。從六月至九月之間講義《小學句讀》《孝經》《大學章句》《論語集註》。
2	1662	33	講義《論語集註》。五月受命歸藩。十一月，於京都講義《中庸》。又講義《孟子》直到第二年。
3	1663	34	三月，講義《近思錄》。
4	1664	35	三月，與門人鶴原正林歸藩。途中於兵庫的湊川參拜楠之公墓。九月，從光之出鄉。十月抵達江戶。十一月，爲幼名萬千代（後來的綱政）講義小學。訪問幕府儒員土岐重元。後二人相互往來。
5	1665	36	二月，在藩邸講義《太極圖說》。三月，受命於京都講學。六月會伊藤仁齋。七月講義《易經》。自夏至秋講義《心經》《易經坤卦》。讀《學部通辨》，悟陸五之非，奮信朱子學。與中村惕齋、米川操軒等人交往。十二月，父寬齋於福岡去世，同年，著《易學提要》《讀書順序》。
6	1666	37	一月，歸藩服喪。十月受命從光之自

京都赴江戶。

寬文 7	1667	38	閏二月赴江戶。十月巡覽大和地方。十二月改四書訓點。著《止戈編》。
8	1668	39	一月，著《自警編》，三月在山形右衞門宅會伊藤仁齋。同月歸藩。六月，娶支藩秋月藩士、江崎廣道之女（東軒夫人）。七月再度蓄髮。光之賜名兵衞，十一月於江戶爲世子侍講。著《大學綱領條目俗解》《朱子文範》《近思錄備考》。
9	1669	40	二月，受林鵞峯之邀會朱子學者谷三介。三月，入京。這個月著《顧諟抄》，七月歸藩。著《小學句讀備考》。
10	1670	41	二月，講義《論語》之〈序〉。
11	1671	42	三月，遊京都。六月訪問中村惕齋。同月出京歸藩。十月，受命編纂《黑田家譜》。
12	1672	43	十月，因會津侯，保科正之（光之之親戚）之勸告赴江戶，爲世之綱之講義《論語》。同年刊行《本草綱目品目》《本草名物附錄》。
延寶 2	1674	45	因藩主繼嗣之事與門人藩儒柴田楓山對立、絕交，十一月從光之，綱之赴江戶。

3	1675	46	受光之女婿酒井河內守忠明之邀請講義《白鹿洞學規》。三月，爲綱之侍講。閏四月，離開江戶歸藩。編集《白鹿洞學規講義》，《大學經文講義》。
4	1676	47	受命赴長崎尋求書籍。收集《小學》《四書》《近思錄》《五經》《大學衍義》之要所，並作講義錄二卷。
5	1677	48	閏十二月，受命與漂流到宗像郡大島的韓人筆談，刪改《天神行狀》。編集《正續文章規範余錄》。訂正《近思錄》《千字文》《千家詩》《古文眞寶後集》《武經七書》訓點。
6	1678	49	獻上《黑田家譜》。編集《和漢名數》《古今詩選》。
7	1679	50	著《杖植紀行》《伊野太神緣起》（眞字假名各一卷）《初學詩法》《增福院祭田證》
8	1680	51	三月，遊長門，經大阪入京。再經奈良、櫻井遊武峯、吉野山。四月遊大和之郡山、阿內之勝尾山、觀箕生瀑布浴有馬溫泉。五月登武庫山，至大阪。因波浪高再經河內國府入大和。著《畿內吟行》《京畿紀行》《大和河內路記》《本草綱目目錄和名》。

天和元	1681	52	一月，分發銀兩給知行所之農民以救飢饉。訂正《小學陳選句讀》之名訓及刊本《小學》之字。又改《東照宮遺訓》《黑田系圖》《黑田家譜》編集《尺素活套》《君臣系國》。
2	1682	53	七月，迎朝鮮信使於藍島作筆談。十月，受命前往江戶。十二月，於酒井河內守邸會人見鶴山。後結爲親交。著《菅神故實》《頤生輯要》《克明抄》《倭韓筆語唱和》。
3	1683	54	三月自江戶出發。巡覽伊勢神宮、吉野山等，四月末歸藩。編集《朱子語類選要》《朱子書要抄》《宋儒文粹》《二程語拾遺》。
貞享元	1684	55	二月，受命調查黑田長政之戰功事蹟。因此，於三月赴江戶。四月訪吉川惟足。同月，自江戶出發，過美濃覽關之原。再赴大阪與五井加助等人相互往來。五月，自兵庫出發遊歷播州諸郡，調查黑田氏發祥地，歸藩。八月，調查怡土、志摩兩郡之古文書。十月，受命往江戶。同年，著《黑田先公勳功記》《太宰府天滿宮故實》《大學新疏》。
貞享 2	1685	56	一月，與神道家八尾彌平次等人交

往。二月三月造訪吉川惟足。三月，經日光，足利學校。妙義山西出中仙道。自東近江遊敦賀，經西近江至京都，六月，參觀明石人丸廟，安藝之嚴島後歸藩。八月爲了調查《大日本史》史料水戶之儒臣佐佐宗淳（助三郎）一行人來九州。益軒事先搜集藩內郡邑的古文書，將其中重要的陳列於太宰府神社給佐佐宗淳一行人看，同年著《西歸吟稿》。

3	1686	57	七月，撰荒津山東照宮島居銘。十月遊筑後諸寺，高良山，秋月，直方等。
4	1687	58	二月，獻「島原陣死傷者記」。六月水戶藩邸詰之儒員，黑田慈庵來福岡。九月，爲直方支藩主長淸侍講。改正《黑田家譜》。著《學則》《和字家訓》《吾嬬路記》。
元祿元	1688	59	一月，爲了與佐賀藩之國境爭執受命奔走。四月，獻上改訂本《黑田家譜》。同月，受命編纂《筑前國續風土記》，巡視西、南諸郡。七月，受命進京。八月，於藩邸會見算法之名家，明嚴院理性坊等人。同月，跟米川玄齋學筭。九月，與黑川道祐、稻生若水交往。十月會花山院定誠。同

月，長兄家時遭禁固，季兄樂軒又被幽禁。十月、十一月，歷訪山城國之南部，奈良諸寺。十一月，與稻生若水調查近郊之藥草。十二月，跟朝廷樂人山井近江守習琵琶。

| 2 | 1689 | 60 | 閏一月，聽松下見林講義神代卷。同月，巡遊丹後、若狹、近江。二月，遊河內、和泉、紀伊、赴攝津島上郡。三月，遊嵯峨、比叡山。同月，視察土岐氏之藥園。五月歸藩。八月禁固中之長兄卒。十一月，季兄樂軒致仕。同年，著《平韻辯聲》《香譜》《嚴島並記事》。 |

| 3 | 1690 | 61 | 三月，受命於秋月講義《大學》之〈序〉及《大學經傳》。五月，受命調查福博諸寺之故實。五月、六月，巡遊早良、那珂、御笠、粕屋諸郡。六月，聽藩之算學者星野實宣的《坤輿考驗圖說》講義。七月，巡遊粕屋、宗像、嘉麻、穗波諸郡。十一月，爲秋月支藩主講義《大學》《孟子》。同年著《香椎宮記事》《都鄙行遊記》。 |

| 4 | 1691 | 62 | 三月，出鄉。伴同東軒夫人等由海路往京都。後與東軒夫人歷遊諸所。五 |

月，從山井近江守學古樂。伏原宣幸贈箏。同見，聽見林的《古詩拾遺》講義。六月，聽米川助一郎彈箏吹笛。八月歸藩。九月受命製作《宇美宮緣起》，十五日呈上。同月，應人要請於自宅講義《易經》。受命製作《黑田家臣由來記》。十二月，侍講《中庸》。著《筑前名寄》《江東紀行》《背振山記》《神儒並行而不相悖論》。

元祿 5	1692	63	三月，巡歷早良、志摩、怡土諸郡，至肥前杉浦玉島。四月末受命往江戶，經播磨的室津、姬路、書寫山、大和、伊勢、身延山、駿河、鎌倉抵達江戶。六月，拜湯島聖堂，同月謁林鳳岡。七月，自江戶出發，八月抵京都。八月謁諸公卿。同月遊覽兵庫，十一月歸藩。著《續和漢名數》《壬申紀行》《大和巡覽記》。
6	1693	64	五月，向綱政獻上《筑前名寄》《增補和漢名數》。著《磯光天神緣起》《講說規戒》。
7	1694	65	四月，浴於別府溫泉，途中拜宇佐神宮。同月爲綱政講義《尚書》。當時，應光圀之請製作《黑田記略》

（家臣傳）獻上給綱政。九月，爲秋
月支藩主講義《孟子》。十一月，受
命入京。十二月，傍聽禁中內侍所之
神樂。同年著《花譜》《熊野路記》
《豐國紀行》。

8	1695	66	仲兄存齋去世。
9	1696	67	八月，離開組頭管轄，任使番同列。十一月，宮崎安貞的《農業全書》完成。
10	1697	68	四月，爲藩主講義《尙書大禹謨》。七月，宮崎安貞逝世。
11	1698	69	二月，伴同夫人及僕婢數名出發巡遊京都地方。
12	1699	70	著《和字解》《日本釋名》《二禮口訣》。
13	1700	71	致仕。
14	1701	72	在養子重春參府江戶之際，贈《鹽行訓語》以戒之。著《近世武家編年略》《至要編》《宗像郡風土記》。
15	1702	73	季兄樂軒去世。著《音樂記聞》，修補《扶桑記勝》。
16	1703	74	二月，浴於武藏溫泉。九月，長崎大文學者，盧草拙之門人岡新三郎來福岡。同月，寫《安東省庵文集》序。十一月，完成《筑前國續風土記》獻

給綱政。著《點例》《和歌紀聞》《黑田忠之公譜》《五倫訓》《君子訓》。

寶永元	1704	75	著《宗像三社緣起並附錄》《荣譜》。
2	1705	76	七月，受命校正《三才圖會》。九月，饑饉，布施俵祿米。著《古詩斷句》《鄙事記》。
3	1706	77	八月，受命登城訂正《續風土記》。後三度訂正。同年著《和漢古諺》。
4	1707	78	一月，遊西郊及久留未之高良山，探古蹟。
5	1708	79	四月，遊歷近郊。著《大和俗訓》。
6	1709	80	著《岐蘇路記》《大和本草》《篤信一世用財記》（同年前後著《愼思別錄》）。
7	1710	81	著《岡湊所考》《樂訓》《和俗童子訓》。
正德元	1711	82	著《岡湊神社緣起》《有馬名所記》《五常訓》《家道訓》《神祇訓》大約是著於此時。
2	1712	83	著《心畫規範》《自娛集》。
3	1713	84	十二月，東軒夫人去世。著《養生訓》《諸州巡覽記》《日光名勝記》。
4	1714	85	春天完成《愼思錄》，夏天完成《大疑錄》。此外有《續愼思錄》。四月

開始手足痲痺臥病。八月二十七日逝
世，葬金龍寺。

備考： 此略年譜係參照了《益軒全集》及井上忠氏的《貝原益軒》所
載的年譜。

附錄　貝原益軒全集未收資料

一、神儒並行而不相悖論

　　天地之間道一而已。故人道即是神道。神道即是天道。非有二也。苟有與天地神明之道不同者。即是非人道也。夫我神道是清淨誠明平易正直之理。乃人倫日用之常道。順方俗合土宜。其爲敎也。易簡而不煩不巧。易則易知。簡則易從。其爲體也。淳朴而不華不繁。故常不失其誠。其說雖似淺近，然其中有深妙之理存焉。以是正心術厚人倫。則天下和平。而災害不生。禍亂不起。非如彼方外之流。絕滅倫理。遺棄綱常。說妙說空。衒奇夸怪之比也。是我邦上世以來所傳要道。而不待借乎外也。中世以來。聖人之典籍流入我邦。其正心術厚人倫之道。與吾神道無異。而其爲敎也。廣大悉備。精微深至。以可輔翼邦敎。發明于神道。故學神道者。亦不可不學聖人之道。蓋神敎固是易簡之要訣。得其要者一言而盡矣。故雖不待求乎外。然得儒敎之輔翼而其理益明備矣。故謂神道無假於儒敎而自立則尙可也。謂儒敎無輔翼于神道則不可也。若夫禮法。有水土古今之宜。隨時隨處而不相同者。自然之理也。故雖三代聖王之制。又迭相爲沿革損益者。順時宜而變改之也。夫古昔聖王之制作。豈有不美乎。然隨時異宜。則雖聖人之所爲。又不能不改焉者。其豈非所以古今風氣之漸變而與時宜之乎。況吾邦之距于中國幾千里。今世之去往

聖幾千年。其俗絕異。其時懸隔。今之學者。不察於人情漸變。
以中華上世之禮法。無所斟酌去取。概爲可行之本邦之今世。是
猶不知舟車之異宜于水陸。裘葛之異宜于多夏。豈可爲識時宜
乎。是世俗之所以嫉惡于儒敎。而聖學之益湮晦也。中庸曰。生
乎今之世反古之道。如此者菑及其身者也。孔子曰。吾學周禮。
今用之。吾從周。且居魯衣逢掖之衣。居宋冠章甫之冠者。順土
宜順方俗之道也。夫以本邦與中國同道而異俗。故雖聖人所作之
禮法。不宜于我邦者亦多矣。學儒者順其道而不泥其法。擇其禮
之宜于本邦者行之。不宜者而置之不行。何不可之有。然則神儒
並行而不相悖。不亦善乎。浮屠之說本是偏僻。其道以絕滅天理
爲則。與我神道不同。猶冰炭薰蕕之不相容也。然我邦自中葉彼
之說盛行。其徒桀黠者。以我國俗崇神之故。往往混雜之。以
謂。神佛一理而異本迹。欺詐百端。以其道之不同。強牽合之。
妄附會之。誣瀆于神明。愚弄于黎民。無所不至。以身毒之法亂
日域之道。古來學神者。往往拙乎文字。故信彼欺罔之說。不能
辨其非。且依倚于浮屠之說而立其敎。舉世迷而不悟。習而不
察。咸陷彼機詐之術中。可勝欺哉。蓋人無私心而後好惡當于
理。今也學神者以謂。儒敎是外國之道。非我邦之所宜。中華
聖人之禮。有不宜于我邦者。悉非其法。學儒者。以吾邦神敎之
法。有殊于中國者。併誹其道。名之爲異端之流說。更互相爲
喧豗。是豈可謂好惡無私而得其公正乎哉。又豈可爲知神知儒乎
哉。是學者之所當審察明辨而解其惑也。

元祿四年二月十一日

備考　上面根據的是東軒夫人的淨寫本，此外還有天保四年春正月筑前
州富永嘉種眞勒上木所膽寫的，這是根據益軒的眞蹟而寫的，爲
竹田氏所藏。

二、慎思別錄

於先正經說之中。往往有未解于鄙意者。此非妄議于先正而別立臆說。余誠晚出庸輩。區區么麼之材。何敢可倍先正而自是乎。然學貴有疑。故朱子曰。無疑者要有疑。有疑者要無疑。又曰。大疑則可大進。小疑則可小進。無疑則不進。故方孝孺曰。學非疑不明。而疑惡乎鑿。疑而能辨。斯爲善學。夫疑而後有問。問而後有思。思而後有得。學問之道當如此。今也無明師之可就正。則姑記所疑以待于識者之訂正而已。若夫不善學之人。偏曲之士。不會有疑。佷佷然而無問無思。此不可爲闕疑。其所信亦牽強茫昧而已。非有所見而後信者。不可爲得爲學之道。若此輩。他人苟于先正之說。微有疑思。則詬惡以爲誹先正。爲好異學。此人不可共論學。所謂有爭氣者。不可共論學者矣乎。聖人也其言行教誨。誠可謂至矣。然如門人子路子貢輩、到其有所未解。則屢難問而不措。往往至以夫子爲非。夫子諄諄教之不倦。叩其兩端而竭。然後中心悅而誠服。此豈可爲背夫子而自是乎哉。蓋由不如是則道不明也。

周程張朱俱此道之先覺。繼承先聖之統。開導後學之迷。百世之所宜爲宗師也。就中先儒所謂朱子集諸儒之大成。其功不在孟子下者。可謂知朱子之言也。程子曰。堯舜之道。非得孔子。則後世亦何所據哉。竊謂。孔孟之道。非得朱子。恐後學無依據。而不能發揮。然則朱子惠後學之功大哉。

程朱亦百世之師也。學者之所當爲宗也。其學術之純正精微。立教之規模節目。喫緊示人處。可謂得聖門所傳之正統也。

至其論爲學之次第。講心術之精要。發明於大學之綱目。開示于
中庸之蘊奧。則恐雖後世明哲之士復起。可無得而間然焉。嗚呼
奚止此而已乎哉。其心術之高明正大。亦可與日月爭光。後之學
者。當仰之如山斗。尊之如神明。其德行學術之造詣。雖或未可
及于聖人。然非吾輩庸愚之所可敢窺知也。然天下之道理。廣大
無窮。恐非一人所能盡。若堅守一家之言。而不博考羣儒之緒論。
未可謂得爲學之道也。自非聖人定之以大中至正之理。雖俊傑
之人。命世之才。不可以一人之見斷定於天地萬物古今天下之道
理。且人非聖人。誰無過。雖賢者。其言不能無過不及之差。偏
僻之病。故曰。智者千慮必有一失。夫程朱之賢哲。其說固可信
而不負。然其所說數十百萬言。其中恐不可無偶然之過失。然則
到其泛論天下古今無窮之道理。則不固滯于一門。博考于諸儒。
歷選于衆說。亦是可謂得爲學之法也。是豈背程朱之心耶。鄙見
如此。然未敢以爲自是。恐是胡思亂道亦未可知。姑記所思以俟
明經君子之訂正爾。

　　予讀朱子之書。誦朱子之言。隨朱子之教。尊朱子之學。實
以朱子爲宗師。然未嘗阿私朱子之說。而偏執固滯。竊謂。予之
庸愚。固未能窺朱子之門牆。況朱子之學之奧。非末學所敢知。
然唯師朱子之一事。自比之世之好朱學者。尊信之而不阿所好。
庶乎得其節度矣。

　　古人雖街談巷議亦取焉。狂夫之言復擇焉。芻蕘亦詢焉者。
欲廣聞多觀而求一箇之至當也。是以雖舜之聖。好間察邇言。舍
己從人。是至公無我之心。且闢四門。明四目。達四聰。亦是恐
有所壅塞于己之聰明也。詩曰。他山之石可以攻玉。豈可好同惡
異而塞其耳目。塗其聰明乎。夫天下之事。豈有不可以同相成。

而必待異而後成者。是君子所以好謹言也。是與道不同相爲謀。
其旨大異。苟堅守一家之言。而不博考羣儒之說。則恐有固陋寡
聞。拘泥而不通之病也。

　　今人有侵侮朱子者。誹議百端。攻之如仇敵。賤之如奴隷。
以爲有百孔千瘡。平生以攻擊朱子爲勤。此有依據于明季異學之
輩而然。豈趨不知朱子而已乎哉。抑雖吾身亦不能知爲何人也。

　　今之人。妄議者以朱子爲異學。妄信者以朱子爲聖人。所謂
楚則失矣。而齊立未爲得也。

　　予自幼年誦朱子之書。尊其道。師其法。服其教。雖不能
至。向心竊鄉往之。故信之如神明。仰之如山斗。然未嘗泥朱子
之說。何則朱子之言。固後學之所當爲宗師。而非凡庸之所可敢
議也。然義理之學。是天下之公論。不可偏私于一家而阿諛其所
好。蓋天下之理無窮。非一人之所可得而說盡也。凡讀書之法。
須以經爲主。以程朱傳注及論說爲階梯。程朱雖大賢。然學者所
當爲主者。聖經而已。聖經賢傳之間。不可無輕重之權度也。且
以暇日博考諸子之說。遍閱羣賢之書。旁取審擇。要致其廣大。
極其精微百後止。雖先儒之說。苟于自家心裏未有解。則不可妄
信曲從。須愼思明辨而求大中至正之理。苟有所不能獨斷者。須
闕疑不可徇于吾私見臆見。且考索諏詢之功。亦不可闕焉。必待
心解而止。夫學者之讀經也。固當信從于朱子之傳注論說而講明
之。然廣擇旁取之功夫。亦不可廢矣。是所以尙多聞多見而欲不
偏一家也。蓋同不可以相成。必待異而後成焉。異者何也。非道
不同之謂。蓋博指先儒而言耳。世之信朱子者。往往以阿諛爲
務。是以朱子爲聖人耶。然雖賢人亦不可阿諛。苟有可疑者。必
問訊而愼思。意會心通而可也。是朱子所謂無疑者要有疑。有疑

者要無疑之道也。如孔門之諸子。方其可疑也。未敢妄信曲從。必待問難討論而後信服。今世之學者。信從朱子者固少矣。信從之者。實有志于斯學者也。所恨者。於朱子之說不能默識心通。專阿諛曲從。如爲朋黨者。雖有意尊朱子。然非所以學朱子之道也。

　孔子後雖其德未至聖人。特學已到聖處者。孟子一人而已矣。周程張朱。並是得聖學之正統者。有功乎斯道。而程朱最多所發明于義理。蓋孟子以後。二子之功甚高。其學術德行亦純正。固可爲後學之模範。而朱子之功最大矣。故程朱二家之言。固學者之所當爲宗師也。然則可仰之如泰山北斗。信之如蓍龜也。然而道體至大至廣。至精至微。充塞于天地。貫穿于古今。今散在于天下萬物。而不可窮盡。自非聖人。雖大賢如程朱。豈一人之智能猶可致廣大而盡精微乎。當博考泛覽而不偏乎一隅。正可歸于至當而止矣。恐如此而可謂得爲學之道也。不可謂博而雜也。今之學者。往往兼取朱陸并信佛老。且崇尙事功。循習俗學。爲學如此者。正可謂博而雜也。魏徵曰。兼聽則明。偏信則暗。苟偏主一門而不博取他說。雖不生姦成亂。恐不免塞于聰明之患。舜之詢于四岳。闢四門。明四目。達四聰者。非爲無禹皋陶稷契諸賢之輔佐者。而蓋天下之事。有非一人所能獨任者。所以多聞多見而不塞于聰明也。

　初學之士無定見。須要專主于朱子。悉信不疑。適從其規矩。庶乎無大過而所學不差。苟無定見之人。妄疑朱子而不信從。尙新奇好異論。是乃狂妄之事。其僭卒之禍不可測。戒之戒之。信從朱子而一循其規度者。是所謂範我馳驅者。雖或未能得。不失爲正學。況誠積力久而不已。必有自得乎。若疑朱子而

不得其成說。別悅新奇之說而從之。欲求捷徑而連得之。流蕩於
僻路而不知歸。是猶舍正路而不往。蹈曲徑□□。而欲直達。欲
詭遇而獲禽者也。恐不免變而爲異學。可不懼乎哉。

今之議朱子者。往往未徧窺朱子之書。故不能達朱子立言之
本意。而妄議者多矣。宜乎不識朱子也。可謂輕率僭妄也。

朱子曰。如其可取。雖世俗庸人之言。有所不廢。如不可
取。雖或傳以爲聖賢之言。亦須更加審擇。朱子之言如此。然則
雖先儒之言。苟有可疑者。亦所當擇也。不可妄信曲從。今之學
者。於先儒之言曲從諛阿。不能致審擇。不近于無是非之心乎。
先正之於道。其學行契悟。譬如大山之高參天入雲。如吾人之
輩。猶部婁之不足高下。以是議古人。猶蚍蜉之撼於大樹。徒可
借識者之一噱耳。然人心各依天之靈。而有良智之猶存。雖末學
愚陋。亦不可以無所識見而自鄙棄。程子曰。後人議前人易。是
以立百世之上。垂敎于百世之下。非賢者不能也。在百世之下百
議百世之上。雖常人易爲也。雖先正固不可及。然人非聖人。誰
無過。故曰。智者千慮必有一失。愚者千慮必有一得。故狂夫之
言。聖人擇焉。勿以非其人廢其言。姑書所見以希識者之訂正
爾。

今之學者相與議論。與朱子說有少不合者。而未及盡其情。
則遽申彼意。卽以爲異學。側目而睚眦。不與商量。是所謂有諍
氣者。不可共論也。

周程張朱之道。吾自幼至老。信之如神明。親之如父母。吾
平生爲祖之尙矣。何則雖吾之愚昧。亦知四子之學。上接歷聖之
統。下開萬世之遠。豈後學之人。可不仰之如泰山北斗而爲宗師
乎。然道也者天下公共底物。非一人之力所能開明維持。如程朱

諸大儒。雖命世大賢。恐其學未到聖處。然則千百之中。不免有十一之可疑者。理之所當在也。後人固當信其可信。且疑其可疑。是亦爲學之道宜如是。是以君子之學。貴博覽廣開稽衆不過。求歸其至當而已。必如此而後庶乎其不差矣。

如先正之論太極陰陽理氣道器。是道之大本之所在。何嘗于此可有所謬誤。然其立說命詞之間。抑揚分析之際。賢者之言。恐不能無偏倚之病。過不及之差。以易大傳所載聖人之言夷考之而可見其有異同也。論道如以權重秤物。加之一分則重。減之一分則輕。唯聖人之心公平。所以無輕重過不及之差也。

能學古訓者。不泥古訓。而未嘗不本于古訓。學程朱者亦然。不泥程朱之言。而未嘗不本于程朱之意。可謂能學程朱者也。何則賢者之言。恐未免有過不及之差。偏倚之病。不可與聖言同。苟無過不及偏倚之病。則是聖人而已。程朱固是大賢。可爲萬世之師也。然而恐未能及聖人。比校聖經賢傳而可知而已。是看聖經賢傳之法當如是。然此說止可與尊信于程朱而有識見之人法。難與初學之士及偏曲之人言也。

孔孟之教。爲萬世之法可無弊。如宋朝諸先生之說。誠可信從而宗師之。然道理本自廣大。雖大賢非一人所可能盡。苟守一家之說而不移。恐未可爲得博學文之道也。

道生天地生萬物。是爲天地萬物之本源。其所由生也。蓋天先開地後闢。而五行備焉。萬物生焉。皆是道之所以運轉生化也。道者謂何也。陰陽之德也。陰陽是道之全體。常流行而不息。成界限循條理而不忒者。蓋天地之初開也。由道之所造也。天地之既開也。萬物之初生者。亦皆由道之所化焉。天地既開而後天道流行。四時代序而不息。是以萬物生生變化無窮。斯道常

行而萬古不易。是天地之所以立。萬物之所以生也。故曰。道者
天地萬物之本源。而其所由生也。

　道之所以得名者。二氣之所行。循常度而不過。有修理而不
亂者。譬如道路之有定規而可通行也。故謂之道。

　易曰。一陰一陽謂之道。又曰。立天之道曰陰與陽。信如斯
言。則大抵陰陽卽是道。詳論之則二氣之錯行交運而不息者。卽
是天之道也。夫一歲之運。春溫夏熱。秋涼冬寒者。四時之氣
也。春生夏長。秋收冬藏者。四時之化也。氣與化順其時者。是
二氣流行之正而常者。乃所謂道也。蓋以流行謂天道。以有條理
謂之理。其實一也。非謂陰陽之中別有一物。名之爲理也。陰陽
之流行。本是純正。有條理次序而不紊亂。自是有道者。聖人以
陰陽爲道昭昭矣。夫易者聖人之所作。以陰陽爲道。其說分明如
此。不可爲疑。大抵氣之運。一陰一陽。流行而不息。循環而無
窮。四時行焉。百物生焉。此所謂繼之者善也。其氣運本自純
正。所以爲天之道也。其不純正者。二氣之變而爲災沴也。不可
以爲道。氣之外固不可求道。而氣之中亦不可別求所謂道者也。
苟不理會此意。則分別理氣而說。如宋儒立教固可也。理會得則
道卽氣。氣卽道。更不可分別。唯要分常與變而已。如此見得。
則恐可與聖人以陰陽爲道之言不戾。

　陰陽之德卽爲道。是指陰陽之常而不變者爲言也。故聖人以
陰陽爲道。非以陰陽之變亂者爲道也。以道爲陰陽者。猶孟子謂
仁人心也。蓋仁者人心之德也。故孟子卽以仁爲人心。道亦爲陰
陽之德。故聖人卽以陰陽爲道。譬如水火。是有資于人之物。其
清潔潤物。溫煖熱物者。水火之德也。是固有資于人也。如其爲
橫流燒宮室者。水火之爲災禍也。非水火之德也。猶陰陽之常者

爲道。變者爲沴也。

天下之物雖衆多。不過乎氣之一物而已矣。此外更無物。蓋理是氣之條理。而陰陽之德也。氣之流行。常而不變者也。非氣中復有物爲理。若氣中復別有一物。卽是與形氣爲三也。形氣之外。更不可有一物而爲理。天下之物。非形則氣。形氣之外。更無別物。氣中豈更有非形氣而所謂理者耶。

或曰。陰陽氣也。非道也。然聖人易以陰陽爲道者。亦有以也。蓋陰陽之中有道。乘陰陽動靜之氣機而流行。故姑以陰陽爲道耳。其實非陰陽卽道也。愚謂。此不得聖人立言之意。強而作之亂爾。苟如斯言。別聖人當直言陰陽之中復有一物謂之道。豈可假爲不正當之陰陽。指非者而爲是。妄稱而令人疑而且迷耶。聖人之敎。決不可如此。

一陰一陽謂之道。兩之一字。是謂陰陽之流行往來。迭運而不息也。不要加于所以二字而意足矣。陰陽之流行。有常而無變。則四時正風雨順。而無災沴。萬物各得其處。是所謂道也。如有變而異常。則不可爲道。人身之所行亦然。人之動靜云爲。無非天機。循常性。則可以爲道。如乖常性。則不可爲道。於是可見理氣非一物。而理乃氣之德而有條理。本自純粹至善也。不可分析之也。是區區之鄙見。于先正之說。所以未釋然也。

或曰。陰陽固可爲道。然則其流行。宜有常而純正。然而其變而偏者多何也。曰。凡運轉者多變。故在天成象者多變。凝結者不變。故在地成形者不變。陰陽常運轉不息。故變動而無窮。此所以有時而失常也。

道也者陰陽之德也。德者何也。謂性情也。太和元氣。生生不息。能行造化。而發育于萬物。四時行焉。百物生焉。何等之

純善粹美。是陰陽之德也。如就人之性而言亦然。孟子言性之善。性是人心之氣質。善者性之德也。陰陽本是至善至美者。不可陰陽爲非道而賤之也。易中聖人以陰陽爲道者再矣。苟陰陽非道。則聖人不可謂胡亂是道也。

天道流行。發育于萬物。萬物各資此理而發生。春夏秋冬。錯行而有序。是乃陰陽二氣之自然者也。苟乘自然之常理。別謂之災沴。于冬謂之愆陽。于夏謂之伏陰。于人謂之惡。于物謂之妖。皆是失其本然者也。

四時之運。溫熱涼寒者氣也。生長收藏者氣之德也。天理與氣不可分別。理者氣之理而有修理之名。非謂別有一箇無聲臭無形象之物寄寓之。爲之根柢。又非謂與氣渾合而無間。又非謂認氣中之精英者爲理。蓋以範圍于天地之化而不竭。故謂之萬物之主宰。天地萬物皆資陰陽之正氣而生。故曰萬物之根柢。

二氣之流行。常而正者即是道。其所流行。循常度而不變錯者也。變錯而往邪路曲徑者。非所謂道也。如人性本自中正。循行之。則有親義別序信之道。故陰陽無非道。猶人性無不善。陰陽之不正者。非其自然。猶人性之不善。非性之自然也。然則陰陽即是道。理氣決是一物。若曰於氣中求一箇無聲臭者爲理則非也。所謂理者陰陽五行自然之脈絡條理也。非有一物而主宰乎萬物也。若以陰陽爲非道。陰陽之中。則別有無聲臭之一物。而指之爲道。爲太極。爲萬物之根柢。是則與老子所謂有物渾成。先天地生。寂兮寥兮。佛氏所謂有物先天地。無形本寂寥。能爲萬象主。不逐四時凋。何以異乎哉。故舍陰陽而言道者。異端是也。言陰陽而舍道者。術者是也。是二者非聖人所謂道者而已。

天之道陰陽而已。陰陽本自純正粹美。不可加也。是至貴之

物。不可爲器而賤之。其流行有常而不紊亂者乃道也。其不純正粹美者非本然。乃變亂而然。猶人性本自善。其不善者非性之本然也。

陰陽流行之氣。本自無不正。正則和。故能化生于萬物。四時行焉。而物生焉。是所謂道也。若不正則爲沴氣。寒暑違節。風雨不若之類。此卽陰陽之爲變而失常也。豈其本然乎。不可謂之道。有所雜糅擾亂而然耳。其于人性亦然。人性本自無不善。動靜不失其時。發而皆中節。是卽道也。若發而不中。則爲非道。此豈性之本然乎。特因氣質之偏。人欲之蔽而然耳。猶陰陽失常。則不得爲道也。繫辭及說卦傳。俱指陰陽爲道明白。非陰陽卽道而何乎。聖人何以陰陽之變而不正者爲道乎。

陰陽本是流行而不息。有條理而不紊。純粹而不雜。至善而不惡。至正而不偏。發育而不害者也。是陰陽自然之理也。反之者非其自然。乃雜糅紊亂而然者也。或曰。陰陽固可爲道。然則可常而正。何以變而偏者多也。曰。天下之理。動者必變。靜者不變。陰陽常運轉而不已。故動而無窮。此所以易失常而有不正也。

天之道陰陽而已。陰陽之外更無道。陰陽之者。本自善而無惡。故曰。立天之道曰陰與陽。言天之道在陰陽之流行而已。又曰。一陰一陽謂之道。繼之者善也。成之者性也。言一氣之運。一爲陰。一爲陽。流行不息。循常度而不忒。故謂之道。其二氣生生相繼而無窮者。能滋育萬物。故曰。繼之者善也。其繼而善者。能曲成萬物而爲生質。是所謂成之者性也。是陰陽之所以爲道本善也。其爲愆陽。爲伏陰。爲災沴。爲不順正者。陰陽之流而爲變者。非其本然。失其常者也。若言理在氣中爲主。是以理

爲一個物也。苟以理爲一物者。此便佛老之說。與聖人易中所言
不同。與老子所謂有物混成。先天地生。寂兮寥兮。佛氏所謂有
物先天地。無形本寂寥者。何以異耶。其爲說如此。是以陰陽爲
非道。繼之者爲非善也。苟指陰陽之常者而爲道。是與聖人指陰
陽爲道者相合。則于理何不可之有。苟賤陰陽爲非道。別指空寂
無氣象者爲道爲理。何爲疑聖人之言。而信佛老之言耶。

　　天下莫貴于道。蓋生天地。生萬物。行于四時。成于造化。
皆是道之所爲。誠可謂品彙之根柢也。道是陰陽之德。故道卽陰
陽。陰陽卽道。非二物。蓋理者氣之理。氣者理之氣。無先後之
可議。無離合之可言。無異同之可論。故古之聖人。以陰陽爲
道。未嘗廢陰陽而言道。是知廢陰陽而別指一箇空虛無氣象者爲
道。爲萬物之根柢。爲太極之妙。非聖人之所謂道者也。夫太和
元氣。是天地之生機。常生生不息。發育于萬物。流行于四時。
不息于古今。是固性命之源。品物之本也。

　　陰陽與道決非兩物。道是二氣流行之名。亦名之爲理者。以
其有條理也。其實道與理一也。今以二氣之流行爲道。何以證之
也。易曰。一陰一陽謂之道。又曰。立天之道曰陰與陽。是可爲
據。一陰一陽者。謂二氣迭運者也。蓋天地之間。只是二氣流行
之所爲而已。其流行者。卽是自然之道也。所謂道是二氣之流行
也者何也。以天道言之。則四時之序。生長收藏。溫熱涼寒。行
而不差。日月星辰。運而不錯。萬物自然發育。所謂四時行焉。
百物生焉也。亘萬世常而不變。有條理而不亂。此乃二氣之流行
者卽道也。苟陰陽之變亂爲災沴。爲愆陽。爲伏陰。寒暑榮悴不
順時。四時失序而不順正。是錯于流行之常者。而不可爲道也。
以人道言之。則如七情之和。四端之發。五典之敍。四行之立。

是循性之自然者。所謂道也。七情不和。四端不擴。五典不敍。
四行之不立。皆乖性之自然者。而不可爲道也。且如水之流就
下。乃循水之性者。而水之理也。激而行之。則可使在山。是戾
水之性者。不可爲水之理也。然則氣之流行而正者。豈非道乎。
唯以失流行之常。爲非道而已。

以道爲氣中之理者。是爲氣中別有一物。不與氣混同。而爲
之主宰也。然無此理。何則天地之中唯有形氣而已。形氣之外更
無一物。理乃氣之理。非氣中別有一物也。

謂陰陽爲非道者。以爲其中有主宰者是道也。則是道與氣爲
二物了。與聖人所謂一陰一陽謂之道。立天道曰陰與陽之說相乖
戾。夫主宰于二氣者。是陰陽之靈。所謂鬼神是也。陰陽鬼神。
摠是道理。道理乃是陰陽之流行有條理者。乃萬物之根柢。所謂
形而上者也。是一氣流行之常而不變者也。陰陽之運。本自純正
而不錯。所以爲天之道也。其不純正者。乃二氣之變。而失流行
之常者也。

道者路也。道路者人之所通行也。陰陽之所流行。人倫之所
踐行。亦名之爲道者。假借于人之所通行之名而命之也。陰陽隨
時而流行者。本自正。乃元亨利貞之常理。春生夏長秋收多藏。
是乃天之道。行于四時。顯于萬物者。所謂在天成象也。然則陰
陽之流行。常而正者。卽天道也。陰陽之外非別有天道也。若陰
陽不循常規而不正之氣行者。爲災沴。非陰陽之自然。便二氣之
變亂而失其序者也。如寒暑不時。風雨不順。日月薄蝕。星宿彗
孛之類。是不可以爲道。人之性本自有五常之德。循之而行。則
有五倫之道。孟子所謂性善是也。是天下古今人性之所固有。非
性外有善也。若夫背五常亂天倫。爲不孝不弟之類。非人性之常

也。今謂陰陽之外無道者亦猶此。

　陰陽之氣。交運而不錯。行乎四時。互乎古今。而未嘗止息。粹而善。誠而无妄。神妙而不可見。以其流行循常度而正謂之道。所謂形而上者謂之道也。二氣凝聚而爲形質者。謂之器。所謂形而下者謂之器也。夫四時之流行。人物之生理。草木之生意。人性之善意。皆妙而不可見者道也。上而日月星辰。下而山水土石。人民禽獸。生魚草木。皆是有形質。顯而可見者器也。

　林希元曰。理在氣中。原不是有個物。只是氣做出好的便是理。然不是待做出方有這理。原是有此物在其中。篤信謂。林希元此說。上半截言原不有個物。下半截言原有此物在其中。何其前後相背也。蓋所謂氣者何。指陰陽而言。所謂理者何乎。陰陽此非厖鴻者。本自條理而不紊之謂也。林希元誠是有才學之人。其所著經註良好。然做特兩端之說而不決如此者何也。豈非無專一之定見乎。其所謂有此物在其中。是實有一物而寓左于氣中也。與易中聖人所說不合。苟指陰陽之常而正者爲道理。不爲氣中別有一物。則於理何不可之有。

　聖人以陰陽言道。猶以仁義言人道然。天人同是一道也。一陰一陽者。謂一氣之運。一爲陰一爲陽。流行而不息也。蓋道也者陰陽之流行。不失其常者。是陰陽之德也。聖人言陰陽之常。而不言其變。故以陰陽之流行爲道。陰陽與道非有異也。猶言水火。則濕溫之性亦在焉。不言而可知而已。言其象。則其理亦在焉。非以陰陽之變亂者爲道也。夫天地之間。形與氣而已。此外豈有無形氣而空虛者。而存乎其中乎哉。此理甚明白。不待詳說。學者須默而識。苟捨陰陽。而指空虛無氣象者爲道。則是異端之說。繫風捕影之流。非吾儒所謂道也。

程朱恐人之以陰陽變亂者即爲道。故言陰陽亦形而下之器也。是言道之至貴至妙。故不混陰陽而言之。蓋分別道與陰陽。相對而言上下。則固不能不如此說。竊謂。程朱欲人之易曉。故分開於氣與理而說。不得已之論也。其實器者有形質之謂。陰陽無形質而有氣象者。不可爲器。故易曰。在天成象。在地成形。在天者陰陽。是爲道。在地者形質。是爲器。聖人之言。自昭晰不可疑。

天之道在陰陽之流行而已矣。凡運動者易變。凝結者一定不變。陰陽之行。常運轉不息。故有變有常。有正有不正。其行不能常一于正。蓋陰陽之氣。順正者其常也。不順正者其變也。非常也。常者風雨和調。寒暑循序。災害不生者是也。變者風雨不時。寒暑失序。有災沴疾疫者是也。常者陰陽之正理而其本然也。變者陽陰之失正者而非本然也。故氣固是陽陰也。理亦陰陽二氣之正而得其本然者。是陰陽之德也。故理氣決非二物。陰陽之正者固氣也。不正者亦是氣也。

理氣固不易曉。苟混雜之則難明。故宋儒之別理氣者。欲學者之易曉也。故分開而說。其賤氣而爲器者。欲使知理之高妙也。蓋聖人之言。卑而高在其中矣。賢人之言。引而高之。欲道之貴也。程朱之言固可信。然聖人立教之主。其言最可信。周易是言天之書。其說可據。聖人于易以陽陰爲道。如繫辭說卦所言是也。且六經語孟之中。未見離陰陽而言道者。然則捨氣而言理者。與聖言相乖戾。然則理氣不可分析。唯就氣之中。須分常與變而已。

或問。理在氣中發見處如何。朱子曰。如陰陽五行錯綜不失條理。便是理。柯尙遷曰。氣之運動而自然者爲理。此二言亦可

見理氣非二物也。

天地之間。本自有箇道理。是陰陽之性情。陰陽亦是道之形質。有氣象者。道是陰陽之正理。故程朱欲上而上之。是以有陰陽亦形而下者之說。其實陰陽是道。非有二也。蓋二氣流行之本然。自有條理。四時行焉。百物生焉。何等之純正粹美。無非道。故氣必有理。自然之性也。理是氣之德也。譬諸水火焉。寒熱氣也。溫潤理也。是溫潤者水火之德也。又譬諸五穀。其甘美者氣也。能養者理也。是善養者五穀之德也。亦可見理氣非二物也。然氣有時而失其本然者。如陰陽之有災沴。夏有伏陰。冬有愆陽。雨暘寒暑不順其時者。非其常。是變也。是失本然者。不可爲陰陽之德。若夫二氣運動。不失其常者乃理也。故理者氣之本然也。生生而不息。萬物之所由出之根柢也。氣之必有理。猶水之清而能潤。穀之美而能養然。其有僞惡者。非本然。如水之污濁。如穀之饐餲。失其本然也。且以在人者言之。孟子言性善。亦言性之本然必善而已。然人之氣質各自不同。何悉得爲善乎哉。其不善者。非性之本然也。譬諸水。其清者爲本然。濁者歷泥土之中來。非其本然也。天人一理。存乎人之性。亦是與在天之理同。

乾坤者萬物之所資始資生。是爲人物之根本。人物之于乾坤。猶花葉也。乾坤之氣。聚合則生。消散則死。然乾坤之氣。常生生而不息。不可以人物之生死爲損益。猶雖花葉枯落。然根本生意依舊自若也。先儒謂。雖人物旣死。然其理不亡而在天。不知其理不亡而在天者。旣死者之理乎。素在天之理乎。若旣死者之理在天。則是理與氣爲二物了。如謂素在天之理不已。則豈翅理然乎。素在天之氣。亦在天而不已。豈可與理之不亡者爲異

乎。是愚之疑而未解者也。

先儒分別于天地之性與氣質之性。天地之性。是以人有生之初。其理之本然而言。所謂理一也。如孟子言性善。韓子謂。人之所性五焉。曰。仁義禮智信是也。氣質之性。言人有生之初。稟受之時。其氣有清濁厚薄之異。所謂分殊也。如韓子謂性有三品是也。然是姑析其本然與稟受而言之而已。其實理氣非二物。本性氣質。不可有二性。不可以分析之讀者可以意逆志。勿以辭害志。

朱子曰。敬者一心之主宰。萬事之本根。蓋非敬不存。故須以敬把持于斯心。主宰之者。所以存之工夫也。非言以之可爲心之主爾。讀焉者勿以詞害志。然則以何者可爲心之主乎。孔子言主忠信。是人心當以忠信爲主。忠信者人之實心。中庸所謂誠之者人道也。捨所人之爲道者。而不主之。反以他事爲主。雖美德善行非所以可爲主也。如敬之一字。於修己之功固大矣。可謂聖賢之心法也。然而孔曾思孟之書。未謂以敬爲主。可知古之聖賢所爲心之主者非乎此也。夫忠信二字。合而言之。則一誠而已。誠也者心之主。而人之道也。易曰。忠信所以進德也。仁義禮智。無誠則虛僞耳。故無基本而不能由進。如敬固是存心之工夫。聚德之事也。然而不可謂心之主。德之基也。誠爲實理。在人爲實心。以實心爲主則可也。以工夫爲心之主則不可也。夫堯之欽明文思。舜之溫恭。禹之祗承。湯之聖敬日躋。文王之敬止。太公之敬勝怠。孔子之敬以直內。修己以敬。曲禮之毋不敬。皆是聖賢自修。教人切要之工夫。故君子爲學之道。固當以敬爲貴。是乃主忠信之工夫。須自敬而至乎誠。然而非謂以是可爲心之主也。孔子曰。天無二日。土無二王。然則人心亦豈可有二主

乎。旣以忠信爲主。又以敬爲一心之主。是一心而有二主也。且
夫德有可專主者。有可並行者。可專主者忠信是也。可並行者四
德是也。苟以可並行者爲專主。則雖美德不能無弊。如偏于仁。
則流爲姑息。偏乎義。則流爲慘刻。偏乎禮。則流而爲足恭。偏
乎智。則流而爲苛察是也。況以工夫爲主乎。苟以敬爲專主。則
其流爲色莊。爲拘迫。爲曲謹。爲畏縮。爲隘陋。恐其弊有不可
舉言者。今之持敬者。不知敬之道。往往爲色莊人。爲拘陋曲謹
之人。雖貌恭色厲。則心倔內荏。此因不主忠信也。唯專主乎忠
信者無弊。以其所主者德之基也。夫忠信者在人之誠。大原出乎
天之道。而人之道也。所以實于四德也。故曰。忠信所以進德
也。所以行于三德也。可謂心之主也。

　朱子之做說話。往往用禪語。曰。今日要做好文者。但讀史
漢韓柳而不能。便請斫取老僧頭去。又曰一摑一掌血。一棒一條
痕之類。又好爲戲謔者間有之。說霍光之家好甦生之事之類不
少。恐是初年學禪習氣之所染。未能脫去。如二程子。全無此
事。

　或曰。程朱之言可盡信耶。抑又可間容疑耶。曰。聖人之
言。固可爲萬世之法。其次大賢之言。亦可爲則。然雖賢者其行
有過。則其知亦恐有過不及之差。然則其說亦恐不免間有病。是
乃聖賢之別。其理當如此也。苟無偏倚之病。則是聖人而已。竊
謂。程朱固是大賢。其學較近到至處。然未能至乎聖人。恐其言
亦與聖人不同。然則程朱之說。固雖非後學之所可輕議。亦不可
無取舍於其間。孟子曰。盡信書則不如無書。我於武成取二三策
而已矣。此言可信也。苟以程朱之說數十萬言爲無可疑者。一向
囘護遮掩曲從者。反涉私意。可謂阿所好也。予是庸拙之材。不

能爲程朱之忠臣。只不阿所好。是恐不背於程朱之心而已。然是可與厚信闕疑之人言。不可與妄疑輕議。好執己見之人言。蓋輕率好異之害甚大。苟如此則不如一向信徒之爲大勝也。

一日克己復禮。天下歸仁焉。一日者猶言一旦。以其成功之時言。克己復禮。至難之事。非一日之所能也。歸者如孟子所謂民之歸仁也之歸。謂歸附也。克己復禮。則無私欲之障礙。無物我之間隔。天下雖大也。人物雖多也。我心之量。無處而不至。無物而不體。皆歸附于我仁之度內。而無所退棄。無所不愛。如人之身體有病痾。而氣血不順。手足不仁。則氣已不貫。故痛癢亦不知也。是雖我身體手足。爲不屬己氣血。苟貫通無滯塞。則肌膚痛癢。無所不知。四肢百態。皆歸於己也。蓋仁者以天地萬物爲一體。無非己之意。楊氏以爲皆在吾度內。與呂氏洞然八荒皆在吾闥。還是實事。天下歸仁。言仁者無所不愛也。此亦西銘之意。舊說一日克己復禮。則天下之人皆許與吾仁。是極言其效之甚速。然一日之間。實無此事。聖人之言。每每的實。不如佛氏之大言說怪誕無實之話。而誇耀于人。大抵天下有效事。必有效理。無效事。則無效理。一日克己復禮。則天下之人。皆稱許其爲仁。是無效事。必無效理。恐非聖人謙遜自反語意。且天下稱許。亦有不足爲仁者。如王莽姦賊。其初僞飾爲君子之模樣。故天下之民。上書言其爲賢者四十萬人。是不誠于爲仁。則雖天下稱許爲仁。而不可以爲仁之證。于是乎可見。苟誠于爲仁。雖一人不稱許。不失爲仁也。如泰伯民無得而稱焉。然夫子以爲至德。所謂其曲彌高。則和者彌寡也。且衆人不知。故爲仁者。如衆人皆稱許之。則都不足爲仁者。故鄉人皆好之。夫子以爲不可。夫爲仁之道。不由人之稱許與否也。故曰。爲仁由己。而由

人乎哉。天下許與吾仁。與在邦必聞。在家必聞。同是所考在
外。所謂是聞也。非道也。聖人謂。知我者其天乎。又謂。不患
人之不已知。與此語意相爲齟齬。却是不由已而由人也。歸字做
許與說。不如爲歸附而說之意義更的實也。朱子答楊子順書。亦
有此說。云。天下皆歸吾仁之中。却是大作意說得張皇。予之昏
愚。未能服從于此說。是雖乖于先正之成說。然姑記管見以待識
者之訂正耳。

　　萬物成形。陰陽成象。形者象之體質。留于下者也。象者形
之精華。發于上者也。故曰。形而上者謂之道。形而下者謂之
器。陰陽成象。而發乎形器之上。是形而上者道也。品物流形。
而留乎有象之下。是形而下者器也。

　　形而上下論。繫辭曰。在天成象。在地成形。又曰。見乃謂
之象。形乃謂之器。又曰。形而上者謂之道。形而下者謂之器。
愚謂。形者謂有體質。上者謂在天也。下者謂在地也。蓋形而上
者。謂陰陽之氣。無形而在天。是在萬物形器之上者。故謂之形
而上者。以其有氣而見。謂之成象。以在天之二氣流行交運謂之
道。形而下者。謂萬物各成剛柔之形質而在地也。以形質具而各
有成。故謂之器。蓋天者在上。地者在下。故以上下言。天道無
形。地道成形。故在天者無形。在地者有形。所謂在天成象者。
非是陰陽乎。陰陽在天。未有形質。唯其所流行變易。氣象露顯
耳。故曰。見乃謂之象。所謂立天之道曰陰與陽者。是在天成象。
而無形質者也。蓋陰陽流行。化生于萬物。是乃天之道也。天之
爲道也。唯有陰陽。陰陽之外更無別物。況陰陽之中。豈又有一
物乎。一陰一陽。往來不窮。以其流行謂之道。故在地成形者。
非是萬物乎。萬物者謂山河大地人物。皆有形而在下者也。所謂

立地之道曰柔與剛者。是在地成形。而有剛柔之質矣。斯之謂器。
程子謂。陰陽亦形而下者。朱子本義亦從之。蓋陰陽有常有變。
常者純正可爲道。變者僑邪有災沴。不可爲道。故以陰陽形而下
者。是分道與陰陽爲二也。蓋程朱之言。欲使學者易曉。故分氣
與理。理爲道。陰陽爲器。相對而說。自分曉。然愚竊疑。以陰
陽爲形而下。則在天成象者。可指何物而言耶。是不可解一也。
所謂形而下者。指在地成形者。如山河大地人物。凡有形者是器
也。凡有體製者謂之器。陰陽未有形體。不可謂之器也。是不可
解二也。陰陽在天成象者也。非在地成形者。而謂陰陽亦形而下
者。是不可解三也。且說卦傳所謂立天之道曰陰與陽者。以二氣
流行爲道也。是亦非指陰陽爲器也。是不可解四也。上下二字。
以在天在地言。則分明。不然則二字之義難通曉。是不可解五也。
先儒此說。愚之所未解也。非敢誹議于先正以欲伸愚說。姑記所
疑。以竢君子之是正而已。

　　天道福善禍淫。作善降之百祥。作善降之百祥者。此與四時
之循序。風雨順時。災害不與同是一理。天道之常理也。可爲正
命也。君子遇災禍。小人得福祿者。非之道之常理。此與四時之
失序。風雨不時。有災沴疾疫者同是一理。不可爲正命也。然正
與不正。亦無非命。是皆天之所命。陰陽之所作。當順受而已。

　　此道理廣大無窮。非一人所能盡。苟堅守一家之言而不移。
可謂知乎。

　　性理無死生。朱子曰。身有死生。而性無死生。李退溪自省
錄亦曰。氣有生死。理無生死。夫朱子之賢。李氏之學。其所說
不容有差。然而予之昏愚。於等說未能通曉。於是姑述臆說。記
所疑以竢識者之開示而已。是亦欲就有道而正之意耳。竊謂。人

身氣聚則生。氣散則死。性者生之理也。身死則生之理亦何在
耶。故有此身則有此性。無此身則此性亦隨而亡。無所寄寓。譬
如水火之性。有寒熱潤燥。然水火竭熄。則其寒熱潤燥之性。亦
隨而亡。尚何存耶。伊川曰。堯舜幾千年。其心至今在者。言其
至德至善。至後世而不泯也。非謂其身沒而性不亡也。苟爲身死
而性不死。則以性爲別有一物而常存者也。此卽佛氏所謂形有死
生。眞性常在者耶。王陽明謂。顏子至今不亡。亦與佛氏所言相
同。此愚之所未解也。且理氣本非二物。理者氣之本然。是陰陽
之德。成條理而不亂。中正純粹而精者。故無無氣之理。又無無
理之氣。苟謂氣有生死。理無生死。則是以理氣爲二物。而理與
氣相離。有無氣之理。氣雖死亡。理不死而存也。是亦愚之所未
解也。

　　寶永丁亥八月二十日寫了

（竹田文庫）

三、養生說（《慎思錄》卷三十二養生）

　　　　　（井上忠藏《益軒資料》七〈補遺〉，油印所收）

　　保生之道以畏爲本。畏者以忍爲勤。一飲一食常以畏存心而
不可忘。何則人生百年之中有卒暴之疾病不虞之災變。一日之中
有飲食起居之過傷。人身至脆弱而僅七尺。以此應萬變作萬事。
且耳目口體皆有欲。衆欲來攻者非一塗。可謂人之命至危而晨不
知夕也。然則常須要小心翼翼如臨深淵如踏薄冰。而畏之道復在
忍慾而已矣。

　　草木之微猶用灌漑培養。矧我身乃天地之所生父母之所遺。

豈可不愛養而保全其天年乎。苟不能保全可謂不仁不孝之甚也。
保養之術固有其要。雖不出養神惜氣防疾之三者。然詳其理則其
術多端不可不盡其術。苟非學之精習之熟。則不能容易知其術守
其法而難保全其天年。可不學而習之乎。

　　人身以脾胃爲生育之本。故保生之道以愼節飮食而培養脾胃
爲要。愼節之道以忍爲勤。書曰。必有忍其乃有濟。武王銘曰。
忍之須臾全汝軀。古語曰。莫大之過起于須臾之不忍。忍是可爲
愼德保身之法。忍之義大乎哉。忍之道甚容易。其制心克慾惟在
須臾之間。如飮食只是二三口之際堅忍則無害于後。過此以往爲
可喜。古詩曰。忍過事堪喜。蓋忍者用力小而得效大也。是易爲
之事只常須習而用力。習而至能忍。此克慾之方也。

　　許魯齋曰。老人宜少食精粹。不宜多食粗糲。蓋氣弱而不服
糲食故也。夫老人血氣衰而腸胃弱。少食精粹則易消化而不見損
傷。能養元氣而多所補益。所以養老也。多食粗糲則腸胃損傷而
元氣無養。非所以養老也。

　　元氣者天地生生之氣。得之有生之初者人物之所資而始生
也。故人之有元氣也卽是天地之元氣也。且有生之後資外氣而扶
育則人物得遂生養矣。如飮食衣服宮室之俸皆是資外氣者。是亦
天地之所生也。人物非元氣則不生。非外氣則不養。夫保元氣者
須攝養而不害。資外氣者宜節制而適其可。若使外氣之俸養不勝
元氣。則元氣得其養而保天年。苟外氣之貪取過其節則元氣爲之
所傷而不能終天年。此非君子愼身保生之道也。可畏而已矣。

　　稟氣之含蓄深固而氣象安靜者必壽。發露淺浮而躁動者必
夭。雖稟性剛強者不養之以道則夭。雖軟弱者養之以道則壽。唯
太強者雖斲喪之又間有長生者。又不如養之以道者之久也。太弱

者雖養之以道而有夭者。如顏子短命是也。資稟太弱之人苟不養
之以道則其命益促矣。凡能保養者長壽。屢屢損傷者早夭。蓋有
其事者必有其效。是必然之理也。是故愼起居節飲食寡嗜慾者可
以保天年。是君子頤生得壽之道也。君子之頤生而欲壽者豈特爲
貪生乎。是必有以也。蓋人之身是天地之所生。父母之所遺。須
盡愛養之力。且其成德立功者非長壽便不能也。長壽豈可不欲乎。
如夭折者雖有聰敏之資英俊之才不能遂其志成其德可哀惜哉。若
夫偸生苟存醉生夢死與草木同朽者 。雖得上壽豈君子之所可羨
乎。

　　樂于無病而不忘則無病。人忘于無病之可樂。故縱慾敗度而
至乎發病傷生。古語曰常作病想。又曰安樂常想病苦時。

　　無事時須靜坐。靜坐無別法。只是心無妄想。身無妄動潛心
而坐耳。非如佛氏入定坐禪。或曰靜坐之法少食寬衣于十二時中
遇閑暇則入室蟠膝盤坐心無雜想。是養心養生之術也。秋多行之
尤佳。如春夏時陽氣發暢。須行步逍遙歌咏舞蹈使氣發動。又不
必靜坐但無事閑暇之時「少時」靜坐亦可。衰老多病虛弱之人養
生之方亦當如此。

　　雜書中往往說逐月食物禁忌者多矣。每言某月勿食某物生某
疾。猶陰陽家之說拘忌。然而不詳說所以然。予竊疑之。且古方
書所未言。諸家本草所未載者亦多。恐不可盡信。予嘗選定于頤
生集要。闕其可疑而不載之。信乎孟子之言。盡信書則不如無
書。凡雜書之說方技之言不合理者多矣。可謂無稽之言也。不可
盡信。

　　養生之「術」苟語其要則只是節飲食少嗜慾正七情防六氣平
心和氣寡言省事愼起居時動靜如此而已矣。此爲養生之大綱。然

而如其節目亦須詳察愼守。苟不如此則不能盡其術之精微而大綱
亦因玆不立。保養之道不全備焉。攝生之士所當用心也。

　所犯雖至微成病甚重大可不畏乎。蓋爽節小而爲傷大者人身
得病之常理也。故微細之內欲亦須強忍而無悔。俄頃之外邪宜戒
防而勿中。可謂小愼而大有益也。古人曰犯時微若秋毫。成病重
如山嶽。又曰莫大之禍起于須臾之不忍。可不愼哉。

　人之精神欲安靜而不可勞動。安靜則眞氣存乎中。勞動則眞
氣泄乎外。身體欲「特」勞動而不可「久」安靜。勞動則血氣流
行。安靜則血氣閉塞。眞氣耗散與飲食停滯此二者所以生病也。
大率終日安坐者必多病。早晚勞動者必少疾苦。古人詠歌舞蹈以
養血脈亦此意耳。後世保養者效之所以有導引按摩法也。

　雲林龔廷賢所著之方書八種。其方論前後屢重出者甚多而不
簡要。使觀者勞。苟有人去其重複煩冗者合而爲一書則可也。其
藥性歌掠取陳嘉謨之所作以爲雲林歌括。其醫案亦竊探薛立齋之
所治以爲自家經驗。是掩前人之功爲已功也。古人以自衒自媒者
爲士女之醜行。然是術者之俗習固不足深責。然「龔廷賢」所作
之書往往出私褻之言著不經之說而誨淫敗德名撿掃地。其識趣心
術何其卑賤耶。雖然彼爲世醫其用藥處方也平和而不偏烈。故能
合于明季民勞氣衰之時。最宜于本邦風土禀賦薄弱之症。嗚呼如
廷賢其學術識見固雖不足稱亦一世之傭工也哉。

　有病者可過愼于飲食過忍于嗜欲過禦于風寒過節勞逸。若賦
性尫弱之人雖無疾病復當過畏愼如此。是得小過之益也。採思邈
言十二少此意而已。

　攝養之術老弱以少飲食爲要。酒食之量隨禀賦之強弱而各宜
有定限。雖值嗜好之物飢渴之時豐美之饌珍絕之品須戒愼忍性而

不過節限。

論語鄉黨篇食不厭精一章言聖人慎飲食之精詳。可為攝養之法。不得其醬不食。朱子曰醬非今所謂醬。如內則中數般醬。李時珍曰不得醬不食。亦兼取其殺飲食百藥毒也。篤信曰蓋用醬各有所宜。某物不得其醬則不能制其毒也。

飲食養人活命。日用不可闕之物。然本是人之所貪好。動易至過多。過多則雖壯盛之人受傷害而至喪生者往往有之。況衰老之齒腸胃脆弱可不懼乎。故節飲食以養其體者日用至近之事而死生之所繫也。一飲一食常須慎節則庶乎無傷害。

人之壽夭不繫乎血氣與形體之強弱厚薄而由精神與氣象之淺深隱顯。加之以攝養之能否而已矣。蓋精神淺露而氣象亦浮躁者其元氣易發散而難收藏。故多夭矣。精神深潛而氣象亦沉靜者其元氣易收藏而難發散。故多壽矣。由此二者也。故觀其精神氣象而壽夭可知而已矣。然而善攝養者保其天年而不夭。不善攝養者不能保其天年。蓋攝養之道在節嗜慾防外邪而已矣。是深根固蒂保天年之術也。須盡人力而後俟天命之至。

凡草木穀食諸品物之中相惡相畏相反者甚多矣。「如」磁石之引鉢。琥珀之拾芥。如地黃之忌銅鐵。漆之畏蟹。米穀之畏麥芽。糯米之忌酒。酒之忌枳棋。橘柑之畏寒而好死鼠。貓之醉薄荷而好藤天蓼之類。不可枚舉。惟其制伏之妙即品物自然固有之性而已矣。是以不可要知其所以然。不可以意測度。古人能察物理。故立禁忌而示人令人無犯。虞天民著醫學正傳或問論地黃黃柏腎經之藥忌鐵者謂是鐵之伐木瀉肝子能使母虛之理以為無他說是不知品物各有自然之性而為制伏也。雖非腎經之藥然忌鐵者多矣。不可論以生克之理強臆度也。嗚呼天民者固執方技者之中有

才學之人。然不知物之性自然有制伏畏惡之理而欲以意臆度而推窮其理。此牽合附會妄爲之說也。

中風症乃風自內而生非自外感也。蓋有熱則風自營衞中而出。譬諸天運暑熱甚盛則大風隨之。故飲酒多者此病亦多矣。因酒毒生熱也。不好酒者得此症少矣。凡有此病者本因乎肥白之人中氣不足。故手足癱瘓言語蹇澀並非外邪之所致也。

行立坐臥四者之中。行立屬動坐臥屬靜。行者動中之動也。立者動中之靜也。坐者靜中之動也。臥者靜中之靜也。然而立者宜暫而難堪久。如久行者徐步則却無傷。然而極遠疲勞則亦能傷氣。久臥者最能滯食氣爲傷甚矣。古人以睡慾與食慾「色慾」合而爲三慾有以哉。人皆知食色之能害人而不知睡臥之久亦能害人也。坐久亦能滯血氣。故古人忌終日安坐。常飯了徐徐行步二三百步。日日如此有益於人。古人曰食後便臥及終日穩坐。皆能凝結氣血。久則損壽。

耆老之齡其精神血氣之虛耗腸胃骨節之衰弱大異于強艾之歲。保養之道當戰兢如涉于獨木橋。不可負其小康而放過。

飲食本是養人之物不可以害人。須取益人者而舍損人者。損益之間不可不揀擇而取捨也。大率溫補新鮮芳潔輕鬆熟煖脆軟味甘淡而性平和者皆能益人。可食也。生冷寒滑辛熱炙燥肥濃堅硬油膩陳腐稠黏腥穢及五味偏，勝性酷烈者皆能損人。不可食也。

衰老之人腸胃脆弱飲食常易停滯。故受傷多矣。最宜禁啖肥濃難消化易停滯物。苟習於壯盛時而不禁。或負其小康而不愼節則忽受傷害。殞天命者往往有之。大都老人之暴死皆因飲食過多不能消化也。

　吾聞之矣。漁家及魚肆市人常啖生魚多矣。其壽逾六十者少
矣。以此見之。多啖生魚有害于人身可知也。古人曰山氣多壽且
山中之人常不喫海味。此亦所以得其壽也耶。

　善養生者引將盡之年。譬如人家財有餘蓄計之可支十年。然
儉嗇不妄費裁省冗濫禁止奢華減從于家費歲出之半則用財舒而可
支於二十年。養生而引年亦如此。如享天年七十歲苟能保嗇而不
耗費猶保長壽。或引十年二十年至期頤亦未可知也。夫一耗而不
復者衰老之元氣也。猶時日之一往而不歸。資財之一盡而不返。
雖衰老之齒若保嗇元氣而不費則可以引天年而壽考。或曰修養之
永年是奪天功也。曰此非奪之。蓋嗇而保之也。譬有致仕之人以
其有功勞與這千金以惠養其殘年。如漢疏廣之故事。以其平日所
出家費之數而計之。千金之俸宜支十年。然而儉嗇而減歲計之半
則可支二十年。此非奪君財。自嗇財而不遽盡也。是乃不暴殄天
物也。

　驕奢者三歲之家計一歲之用盡。放恣者百歲之精神一時之耗
亡。

　人方其少長老之時氣血腸胃有盛壯衰之三等。宜隨時攝養適
其可矣。比至于晚年也腸胃漸脆弱血氣亦衰乏。不可不節減于嗜
慾愛養于精神。

　草木之可口腹者凡六品。一曰清。其生產自然而清如山荣水
荣是也。古人薦之祭祀。如蘋蘩薀藻其尤者也。二曰潔。其如家
園糞土之所植者。此爲污穢須屢洗而潔淨之也。三曰鬆荣蔬之軟
脆而可于口者可啖。四曰味。是味之甘美者可啖。五曰芳。是香
氣之可于鼻者可啖。六曰性。是諸食品之性不偏而平和者可常
食。此六品可食者也。若夫溫涼寒熱四氣之太偏者。酸苦甘辛鹹

五味之偏勝者雖味美不可多食。

　　大抵養生之術一言以蔽之曰任克慾。克慾之方在忍之而已矣。蓋忍則克慾而能保其身。不忍則多慾而不能保其身。可畏也。然則忍之爲益也其義大哉。小不忍則有大禍也可不愼乎。而慾亦多端。如色慾忿怒之甚吾曹衰殘之軀自無此患矣。故不要着力。唯飲食之慾雖不到饕餮其節限細微之間不能小忍則往往大被傷害。忍之只在須臾之間。然其須臾之間強忍爲難，故克慾之工夫非太用力則不免爲慾被克。眞可畏也。

　　養生之要在寡慾。而其中以愼飲食爲緊要。愼飲食之目緊要者亦有數件。不可不愼而守之。大凡早晚飲食常宜鮮少而不可過多。且宜淡薄。不宜濃厚。一切發宿疾者不可食。生冷堅硬油膩稠黏敗壞陳腐臭穢者不可食。性味偏勝者亦不可多食。晝間不宜食生菓。不可飲酒茶。立秋以後晝間不可食點心。非甚飢不可食飯。晚食不宜多，酒茶不可多飲。晚飣止一品無肉最佳。雖有肉飣菜品數種不可多啖。食飣多品則鹽味多而渴。渴則引飲多而傷脾。食淡薄而不多食鹽醬則不渴。此愼飲食之道也。

　　孟子言。入則無法家拂士出則無敵國外患者國恒亡。然後知生于憂患而死于安樂也。愚謂豈啻國家之存亡如此耶。人身之安否壽夭亦然。常有痼疾宿病者必能調護而無夭折之患。氣盛無病者常放荒不愼而忘保生之術。故不保其天年者多矣。

　　水穀不飽便不足以止飢渴。故食之者必到充腹而止。然過飽則爲害甚矣。如飯雖養軀之最然小過則閉塞爲害甚乎他品矣。如酒到微醉而止則能養氣助老。苟過節便能爲傷甚矣。如食菜蔬諸肉資其美味欲進食也。非爲救飢渴而食之。須微食而以助水穀之氣也。夫食肉者喫一小臠便亦可以知其味。雖喫十大臠其味同

矣。如食果蓏亦然。雖食一顆可以知其味之美。食百顆亦與食一
顆其知味則同矣。然則啖諸肉菜果者不可貪多。貪多者只恣慾而
已。　到其過多也必被中傷而生病矣。　其苦惱何如哉。　甚則殞命
焉。與多食而生病多憂不如微食而知味之無後患也。

　　養生之術其要在精與忍而禁粗與放而已矣。蓋精則能擇飲食
時起居不敢粗暴。是不粗也。忍則能窒私慾節飲食不敢放縱。是
不放也。粗與放二者反是。

　　沉存中筆談云。煮散古方無用者。唯近世人爲之。近世用湯
者全少。應湯皆用煮散。東垣曰，細末者不循經絡。止去胃中及
臟腑之積。氣味厚者白湯調。氣味薄者煎之。和滓服。篤信謂沉
存中所謂煮散者。是東垣所謂細末者。煎之和滓服是也歟。今世
國俗用泡藥以易煎湯者多矣。蓋泡藥者刻藥細小。不可爲細末。
比之細末者則較麁大。比之煎湯則細小。包之布袋。納之茶碗。
以沸湯澆之。反覆再澆。以蓋掩之。泡之少時而吞之。其功比於
煎湯爲生烈。治停食。發風寒。其功較愈于煎湯。泡藥者俗所謂
振藥是也。然振藥者濁氣出而不利于病。只漫泡者最利于病。

備考　刊行本《愼思錄》六卷收錄在《益軒全集》裏面。《愼思錄》和
　　　佐藤一齋的《言志錄》同是古來廣爲人讀的書物。不過，《愼思
　　　錄》本來有十二卷，關於這件事，井上忠氏有下面的敍述。
　　　　竹田家收有十卷，多爲春庵所抄寫。七總論、大學、論語、
　　　八孟子、中庸、書經說、禮記說、孝經說、九小學說、近思錄
　　　說，十論佛、十一（不明，卷數不明的論薛敬軒或許就是這一
　　　卷），十二是養生說。另有卷數不明，談論學問的方法的地方，
　　　封面寫着《愼思餘錄》，本文第一面有《愼思續錄》五卷，一說
　　　惣論、二四書說、大學、論語、三學論、孟庸、易書、詩禮孝
　　　心、四小學、近思錄、五論佛。除了十一、十二卷外與竹田家本
　　　大體相同。此外，貝原家本（非出於益軒之筆）有益軒的訂正和
　　　增補的地方，再經抄寫而成竹田家本，大概前者是初稿，後者是
　　　成稿。（《益軒資料》七〈補遺〉、〈凡例〉）

四、玩古目錄（讀書目錄）

玩古目錄

大學　論語　孟子　中庸　周易　尙書　詩經　春秋　禮記小學（幷本註）　孝經　近思錄　四書集註　孝經大義　小學集說（數遍）　近思錄集解（同）　小學句讀（同）　易傳義　詩經集傳　書經蔡傳　春秋胡傳　陳澔禮記集記　周禮　儀禮　四書大全　五經大全　性理大全　左傳杜氏集解　史記　前漢書後漢書　周子全書　二程全書（其要處加朱點他日可見之）　張子全書　皇極經世書　二程類語（屢見）　易學啓蒙（再見）　文公家禮　朱子學的（屢見）　文公家禮義節　伊洛淵源錄　孔子家語　性理字義（屢見）　讀書錄（三見）　人學或問（此二書旣在四書大全中然以文公書而屢見之故標出）　中庸或問　居業錄（再見）　困知記　爾雅　心經附註（數遍）　理學類遍　延平問答　異端辨正　四書蒙引　四書存疑　四書講述　四書直解四書說統　四書知新日錄　四書節解　四書講意　四書鄒魯指南四書圖解　四書備考　四書提綱　四書袖珍　四書慧燈　四書狐白解　四書旁訓　四書翼註　四書宗全　小學章句　小學集成小學大全　小學衷音　小學合璧　老子　莊子　列子　荀子　楊子　登壇必意（略見）　鶴林玉露（三見）　焦氏筆乘　徐氏筆精　日本紀　令義解　神社考　延喜式　文選　杜律詩集　曹子建集　三體詩　古文眞寶前集　古文眞寶後集　象山集要　傳習錄（十二遍見）　王陽明全集　王龍溪全集　王陽明則言　求是

編 楊升菴全書 丹鉛惣錄 韓文 十八史略（再見） 孝經大
全 性理字訓 張燧千百年眼 三才圖繪（四十册） 詩格（讀
三十餘遍又看註） 孫子 吳子 司馬法 尉繚子 三略 六韜
大宗問答 七書直解 七書正義 羣書拾唾 天命圖說 山谷詩
集 擊蒙要訣 保元平治物語（再見） 平家物語（屢見） 承
久記 明德記 應仁記 太平記（熟覽） 太平記俗解 拾芥抄
禁秘御抄 蒙求（數遍） 新蒙求 續蒙求 內經 本草綱目（熟
覽） 萬病回春（同） 醫學正傳 名醫方考 格致餘論 難經
本義 名醫雜著（屢見） 局方發揮 原病式 本草序例 多識
編達生錄 察病指南 醫方選要 順倭名類聚（屢見） 徒然草
（同） 徒然草野槌 曆林問答 古今和歌集 新古今聞書 後
撰集 百人一首抄 伊勢物語闕疑抄 和歌七部抄 事物紀原
瑯琊代醉 書序指南 書言故事（再見） 故事掌珠 日記故事
尺牘雙魚 五老集 歐蘇手簡 翰苑玄英 皇朝類苑 古今原始
五雜俎 掌陰比事 大明一統譜 善鄰國寶記 倭漢合運 羅近
溪明道錄 省心錄 厚德錄 樂善錄 從政錄 世範（三見再抄
之） 神皇正統記 惺窩文集 鬼神論 蠧海集 明心寶鑑 千
字文 馬融忠經 學範 道統小傳 造化論 世事通考 中華若
木集 聖賢像讚 公事根源 算學啓蒙 古語拾遺 千家詩 唐
詩選 輔教篇 京師名勝記（號京童） 塵添埃囊抄 下學集
節用集 庭訓 貞永式目 朗詠 陽復記 孝弟論 膾餘雜錄
翁問答 神道大意 中臣拔抄 職原抄（屢見） 語鏡 大諸禮
集 小笠原家七册（諸禮集） 王代一覽（屢見） 本朝女鑑
學部通辨（再見） 夜寐箴 朱子心學錄 中興偉略 朝曾詩
朱子行狀（李退溪所註） 小風土記 性理會通 孝經玄宗御註

孝經纂經　泣血餘滴　古今翰海　錦繡段　倭玉篇　輔養篇　醫
方明鑑　惠德方　闕異

　　△上凡二百四十部　　自幼學至三十五歲所觀覽也

　　○寬文五年　　　三十六歲
續日本紀　　　　　　　　　　　　　　　　四十卷二十册
居家必備　　　　　　　　　　　　　　　　　　十册
野客叢書
羅山集　　　　　　　　　　　　　　　　百五十卷六十册
七武
本朝遜詩　　　　　　　　　　　　　　　　　　三册
本朝隱逸傳　　　　　　　　　　　　　　　　　三册
武備志（粗見）　　　　　　　　　　　　　　　百册
江家次第（粗見）
冷齊夜話　　　　　　　　　　　　　　　　　　二册
公家名目抄　　　　　　　　　　　　　　　　　一册
沈存中筆談　　　　　　　　　　　　　　　　　四册
擊壤集　　　　　　　　　　　　　　　　六卷四册
文德實錄　　　　　　　　　　　　　　　十卷五册
草木子（葉子奇著明初人）　　　　　　　四卷二册
焦氏續葉乘（粗見）　　　　　　　　　　　　　四册
鍼灸聚英（粗見）
楊升菴外集（粗見）　　　　　　　　　　　　　百卷
月鑑（周覽）　　　　　　　　　　　　　　　二十册
詠物詩（粗見）

留青日札（粗見）　　　　　　　　　　　　　　三十九卷十册

天原發微（粗見）　　　　　　　　　　　　　　　　十卷

自省錄（要處點朱於上）　　　　　　　　　　　　　　一卷

朱子書節要（周覽加朱點）　　　　　　　　　　　　二十册

白氏文集（粗見延寶七年又再周覽）

織田信長公家譜　　　　　　　　　　　　　　　　　一册

朱子訓蒙詩　　　　　　　　　　　　　　　　　　　同

朱子大全（始于十月朔而終于十一月未加朱點

　　於上要處也）　　　　　　　　　　　　　　　六十册

　　　上凡二十九部凡二百六十九部

　　　○寬文六年　　　三十七歲

朱子年譜　　　　　　　　　　　　　　　　　　　三册

江戶宋名臣言行錄（於其要處加朱圈於上抄錄之）

明名臣言行錄

　　　上凡三部凡二百七十二部

　　　○寬文七年　　　三十八歲

三月 儀禮經通解

同 列女傳（點朱於要處）

四月 白虎通

下同 近思雜問

風俗通

秀吉公家譜

韓詩外傳　　　　　　　　　　　　　　　　　　十卷

謠之抄　　　　　　　　　　　　　　　　　　同

大戴禮

文章軌範

五月 輟耕錄　　　　　　　　　　　　　　三十卷

羣談採餘抄　　　　　　　　　　　　　　一册

本朝文粹　　　　　　　　　　　　　　十四卷

困學紀聞　　　　　　　　　　　　　　二十卷

本朝一人一首（點朱於要處又其左要者抄錄）　十卷

元亨釋書　　　　　　　　　　　　　　十五册

列仙傳（王世眞所撰粗見）

陶淵明全集　　　　　　　　　　　　　十卷

大明律（姚思仁註　粗見今抄寫其要處）　三十卷十册

說郛（陶九成　病中粗見抄其要）

明衡往來　　　　　　　　　　　　　　二卷

八月 月令廣義　　　　　　　　　　　十六册

同 居家必用　　　　　　　　　　　　十册

九月 顏氏家訓

十一月 正俗篇（元王逸菴著）　　　　一卷

　　　凡二十六部凡二百九十八部

　　○寬文八年　　三十九歲

法曹至要抄

四書序考（再觀）

杜詩絕句　　　　　　　　　　　　　　一册

社倉法　　　　　　　　　　　　　　　一册

性理羣書　　　　　　　　　　　　　　十二册

西銘講義　　　　　　　　　　　　　　一册

楠正成櫻井書

　　　凡八部都三百六部

　　○寬文九年　　四十歲

續近思錄　　　　　　　　　　　　　　三册

詩林廣記　　　　　　　　　　　　　　十二册

朱子訓子帖　　　　　　　　　　　　　一册

武者物語　　　　　　　　　　　　　　三册

續京師名勝記（稱跡追）　　　　　　　三册

女郎花物語　　　　　　　　　　　　　三册

通鑑前編　　　　　　　　　　　　　　十三册

遊仙窟　　　　　　　　　　　　　　　一册

萬葉集（粗見後年又屢見）　　　　　　二十册

信長記（粗見後再見）

千金方（粗見後再見抄錄其要處）

通鑑續編　　　　　　　　　　　　　　二十八册

　　　凡十二部都三百十八部

　　○寬文十年　　四十一歲

史館茗話　　　　　　　　　　　　　　一册

十月 柳文（粗見）

魯齊心法　　　　　　　　　　　　　　一册

　　（十月十三夜周覽且加朱點於要處再三見之又卽夜之功也）

十月 歌林良材（兼良作）　　　　　　　　　　　　　　　三册

神風記　　　　　　　　　　　　　　　　　　　　　　　　三册

同　　　凡五部都三百三十三部

同

同　　○寛文十一年　　　四十二歳

神社啓蒙　　　　　　　　　　　　　　（中村氏）　　　八册

小窗別記（粗見）　　　　　　　　　　　　　　　　　　十册

唐書（同）

小學俗解（中村氏之所著也粗見）　　　　　　　　　　　十册

百川學海正編（粗見）　　　　　　　　　　　　　　　二十册

廣百川學海（粗見）　　　　　　　　　　　　　　　　十六册

吉田兼好家集　　　　　　　　　　　　　　　　　　　　二册

醍醐隨筆　　　　　　　　　　　　　　　　　　　　　　四册

有馬溫湯記（道春粗見正意）　　　　　　　　　　　　十六册

北溪含毫（野間三竹著）　　　　　　　　　　　　　　　四册

席上談（同）　　　　　　　　　　　　　　　　　　　　同

望海錄（同）　　　　　　　　　　　　　　　　　　　　同

經名考　　　　　　　　　　　　　　　　　　　　　　　一册

本朝書禮書　　　　　　　　　　　　　　　　　　　　十三册

又 本朝書禮書　　　　　　　　　　　　　　　　　　　十册

細川幽齊道記　　　　　　　　　　　　　　　　　　　　一册

鍼灸節要（粗見）　　　　　　　　　　　　　　　　　　四册

西鑄常言　　　　　　　　　　　　　　　　　　　　　　一卷

欒城遺言（蘇子由之語）　　　　　　　　　　　　　　　同

燕翼貽謀錄　　　　　　　　　　　　　　　　　　　　　同

呂氏官箴	同
儲詠祛疑錄	同
宋景文筆記	同
陳錄善誘文	同
眞臘風土記	同
敬齊箴講錄（中村氏）	同
白鹿學規講義	一卷
兩同書（唐羅隱著）	
書禮袖珍	一冊

　　　上二十九部在京師所見也

朱子語類（自昔年至今秋見盡了）	百四十卷四十七冊
魔釋記	四冊
續撰加藤清正記	七冊
嘉吉軍記	一冊
黑田長政記	七冊
大閤記	二十二冊
十一月 楚辭	八卷
同月 楚辭後語	六卷
同月 修養編	一冊
耳底記	二冊
牧民忠告	一卷
黑田如水豐後戰記	二冊
井蛙抄	五冊
更科記	二冊
愚問賢註	一冊

言塵集　　　　　　　　　　　　　　　　　　（同）　　　　　　　三冊
　　上四十五部都三百六十八部

　　○寬文十二年　　　四十三歲
正月 清輔奧儀抄　　　　　　　　　　　　　　　　　　　　　　　三冊
閏六月 嚴嶋合戰記　　　　　　　　　　　　　　　　　　　　　　一冊
同月 大坂物語　　　　　　　　　　　　　　　　　　　　　　　　二冊
日本人物史（且要處點朱又貼牋）　　　　　　　　　　　　　　　　三冊
秀賴事記　　　　　　　　　　　　　　　　　　（同）　　　　　　同
長篠合戰記　　　　　　　　　　　　　　　　　（同）　　　　　　一冊
山本勘介兵法記　　　　　　　　　　　　　　　（同）　　　　　　四冊
九月 眞西山大學經筵講義　　　　　　　　　　　　　　　　　　　一冊
十月江戸 韓魏公集（粗見）　　　　　　　　　　　　　　　　　十二冊
文山集（同）　　　　　　　　　　　　　　　　（同）　　　　　　十冊
瓊臺會稿（同）　　　　　　　　　　　　　　　　　　　　　　　　六冊
言行錄（續外別集旣見本集旣書前）
王臨川集（粗見）
溫公傳家集略（粗見）　　　　　　　　　　　　　　　　　　　　十二冊
豐政全書（旣見）
關原記　　　　　　　　　　　　　　　　　　　　　　　　　　　十一冊
元文談（旣見）
酉陽雜俎（同）　　　　　　　　　　　　　　　　　　　　　　　　三冊
說類（同）　　　　　　　　　　　　　　　　　　　　　　　　　　八冊
顏魯公集（同）　　　　　　　　　　　　　　　　　　　　　　　　四冊
福壽全集（見了抄錄之）　　　　　　　　　　　　　　　　　　　　六冊

魏莊渠遺書（同）　　　　　　　　　　　　　八冊

黃氏日抄（見了抄錄之）

江戶名所記　　　　　　　　　　　　　　　七冊

蔡虛齊文集（粗見）　　　　　　　　　　　九冊

　　　　凡二十九部都三百九十三部

　　〇延寶元年　　四十四歲

經世堂語錄（粗見）

金聲玉振集（同）

閩書（同）　　　　　　　　　　　　　　　八十冊

京　續百川學海（同）

五月　草山倭歌集（點朱於其秀歌）　　　　一冊

六月　古老物語（後又見其要）　　　　　　六冊

同　長明無名抄（同）　　　　　　　　　　二冊

寢覺記（同且抄錄之）　　　　　　　　　　六卷

七月　三十六人歌仙抄　　　　　　　　　　二卷

同　幽齊聞書　　　　　　　　　　　　　　二卷

陸象山文集（粗見）

九月　東鑑（幷脫漏）　　　　　　　　　　二十六冊

十月　清少納言枕草子　　　　　　　　　　三冊

同　假字三河記　　　　　　　　　　　　　五冊

同　一卷關原記

同　土佐日記　　　　　　　　　　　　　　一冊

同　毛利家記　　　　　　　　　　　　　　六冊

同　大和物語　　　　　　　　　　　　　　二冊

同 三卷關原記

同 慶長記　　　　　　　　　　　　　　　　　　一冊

同 語傳集（不好書也勿再見）　　　　　　　　　五冊

九月 黑田如水九州軍記　　　　　　　　　　　　一冊

十一月 眞字三河記　　　　　　　　　　　　　　五冊

同 天正軍記（後再見）　　　　　　　　　　　　九冊

同 寶基本記　　　　　　　　　　　　　　　　　一冊

長曾我部元親記（粗見）　　　　　　　　　　　　三冊

武家記 別處長治記　　　　　　　　　　　　　　一冊

關東兵亂記（後）　　　　　　　　　　　　　　　二冊

室町殿日記　　　　　　　　　　　　　　　　　二十冊

武家 毛利記　　　　　　　　　　　　　　　　　一冊

　　　上三十部凡四百二十三部

　　　○延寶二年　　　四十五歲

方正學集（粗見）　　　　　　　　　　　　　　　十冊

顯註密勘　　　　　　　　　　　　　　　　　　　八冊

武家 豐鑑（豐臣秀吉公之記也竹中丹後守作之）　四冊

六根清淨大秘集記　　　　　　　　　　　　　　　二冊

武家 毛利元就傳　　　　　　　　　　　　　　　一冊

六月 筑紫物語　　　　　　　　　　　　　　　　同

唐鑑　　　　　　　　　　　　　　　　　　　　　六冊

冰川詩式（後再見）　　　　　　　　　　　　十卷三冊

通鑑正編

（自昔年所看過殘編猶在今年終功自唐紀以前兩遍看了）

十一月 東坡志林（粗見）

同 章楓山集（粗見）

同 習頴規格（八分之書法）　　　　　　　　　二册

十二月 鎌倉物語　　　　　　　　　　　　　五册

同 鎌倉管領九代記

武備要略（粗見）　　　　　　　　　　　　十二册

陳眉公十集　　　　　　　　　　　　　　　六册

　　　　上十七部都四百四十部

　　　〇延寶三年　　四十六歲

慶長軍記　　　　　　　　　　　　　　　二十一册

爲人抄　　　　　　　　　　　　　　　　十册

紫式部家集　　　　　　　　　　　　　　一册

天神行狀（妖妄詿談）　　　　　　　　　同

東家秘傳（親房作也疑僞書）　　　　　　同

蒲生飛驒守記　　　　　　　　　　　　　同

奇異雜談集　　　　　　　　　　　　　　二册

日本間答（吉田家之神書也）　　　　　　一册

武家鑑（井伊氏之家臣記乎）　　　　　　一册

細川越中守忠興記（澤村大學記）　　　　一册

續古事談（元有六卷第三卷闕他本皆同）　五册

小夜寢覺（兼良公作）　　　　　　　　　一册

明月記（定家日記之中所抄出）　　　　　同

十訓抄（和字大册也）　　　　　　　　　二册

劉伯溫集　　　　　　　　　　　　　　　十册

記 寛永七年御卽位記　　　　　　　　　　　（　　　　）　一册

神 神代長篇（好書也）　　　　　　　　　　　　　　　　　同

劉靜修集（詩多文少）　　　　　　　　　　　　　　　　四册

宋潛溪集（粗見）　　　　　　　　　　　　　　　　　　八册

李晦齊集（朝鮮之儒）　　　　　　　　　（　　　　）

唐人小說（粗見）　　　　　　　　　　　　　　　　十五册

袋草子（同）　　　　　　　　　　　　（　　　　）　一册

餘多序錄　　　　　　　　　　　　（　　　　　　　）十三册

大友興廢記　　　　　　　　　　（　　　　　　　）二十三册

河汾詩集（薛敬軒詩集也）　　　　　　　　　　　　　四册

年中故實　　　　　　　　　　　　（　　　　　）　　一册

郁離子（劉伯溫著）　　　　　　　　　　　　　　　　二册

覆瓿集（同）　　　　　　　　　　　　　　　　　　　一册

八月 大學衍義　　　　　　　　　　　　　　　　　　四十三卷

同 童蒙須知　　　　　　　　　　　　　　　　　　　　　一

九月 南浦文集　　　　　　　　　　　　　　　　　　　三册

神宮秘傳問答（出口信濃所著）　　　　　　　　　　　一册

畫譜八種　　　　　　　　　　　　　　　　　　　　　八册

北條盛衰記　　　　　　　　　　　　　　　　　　　　七册

　　　上三十四部都四百七十四部

　　〇延寶四年　　　四十七歲　　（　　　　　　　）

皇明通紀　　　　　　　　　　　　　　　　　　　　十三卷

古今合錄（自萬曆迄天啓七年凡七年）

續徒然草（不好書也）　　　　　　　　　　　　　　　四册

186 貝原益軒

字彙（抄錄其切要）　　　　　　　　　　十四册
鷹百首　　　　　　　　　　　　　　　　二册
新選類聚往來　　　　　　　　　　　　　三册
鷹鶻方　　　　　　　　　　　　　　　　一册
文體明辨（徐伯魯）　　　　　　　　　四十三册
古文會編　　　　　　　　　　　　　　　六卷
家康公微言（松永道齊著）　　　　　　　二卷
九州治亂記（太宰府僧之所著）　　　　　一册
東坡文抄（八大家文抄之中所有）
秀吉公九州征伐日記　　　　　　　　　　一册
蘆分船（大坂名勝記也）　　　　　　　　六册

　　　　上十五部都四百八十九部

　　○延寶五年　　四十八歲

自舊年至正月
古唐詩歸（粗見）　　　　　　　　　　十六册
曲禮全經　　　　　　　　　　　　　　十五册
菅家御詠集　　　　　　　　　　　　　　一册
七月 童蒙詩式　　　　　　　　　　　　一册
同 詩法源流　　　　　　　　　　　　　　同
七月 續日本後記　　　　　　　　　　二十卷十册
同 詩人玉屑（加朱點且抄錄之）　　　　十册
八月 許魯齊全書　　　　　　　　　　　七卷
同 文章達德錄綱領（見了且抄錄之加朱點）　十册
同 三代實錄　　　　　　　　　　　　　五十卷

九月 戰國策

八月 唐詩訓解　　　　　　　　　　　　　　七卷

幼儀雜箴　　　　　　　　　　　　　　　　一卷

八月 濂洛風雅　　　　　　　　　　　　　　五冊

九月 難波軍記　　　　　　　　　　　　　　一冊

同 仁說問答　　　　　　　　　　　　　　　同

同 性論明備錄　　　　　　　　　　　　　　同

同 三綱行實　　　　　　　　　　　　　　　三冊

賈誼新書（粗見）　　　　　　　　　　　　十卷

參同契　　　　　　　　　　　　　　　　　一卷

陰符經　　　　　　　　　　　　　　　　　同

素書　　　　　　　　　　　　　　　　　　一卷

陸賈新書　　　　　　　　　　　　　　　　二卷

朱易衍義　　　　　　　　　　　　　　　　三冊

蔡邕獨斷　　　　　　　　　　　　　　　　一卷

劉熙釋名　　　　　　　　　　　　　　　　四卷

神敎經（僞書）（作者厩戸太子歟序者聖武帝歟是

　　疑聖經說神道）　　　　　　　　　　　一卷

宗德經（同上）　　　　　　　　　　　　　同

尺素往來（兼良撰）　　　　　　　　　　　二卷

小爾雅　　　　　　　　　　　　　　　　　一卷

吳越春秋

薛敬軒策目　　　　　　　　　　　　　　　一冊

四卷關原記

中和集（李元素著）　　　　　　　　　　　二冊

廣嗣紀要（粗見，明羅田萬全著婦人小兒醫書也）　　　　　同

古逸詩載　　　　　　　　　　　　　　　　　　　　　　四册

劉勰新論　　　　　　　　　　　　　　　　　　　　　　一册

劉向新序　　　　　　　　　　　　　　　　　　　　　　十卷

准南子　　　　　　　　　　　　　　　　　　　　二十卷四册

荀悅申鑒

徐幹中論

文中子中說

孔叢子

詩墨（孔鮒著）

劉向說苑

　　　上四十五部凡五百三十四部

　　　○延寶六年　　四十九歲

荆楚歲時記　　　　　　　　　　　　　　　　　　　　　一卷

德川記　　　　　　　　　　　　　　　　　　　　　　　八册

食物備考大成　　　　　　　　　　　　　　　　　　　　三册

甲陽軍艦　　　　　　　　　　　　　　　　　　　　二十三册

淺井物語　　　　　　　　　　　　　　　　　　　　　　六册

西行撰集抄　　　　　　　　　　　　　　　　　　　　　九册

聚樂物語　　　　　　　　　　　　　　　　　　　　　　三册

徹書記物語　　　　　　　　　　　　　　　　　　　　　三册

增補多識篇（非好書也不可再見）　　　　　　　　　　　五册

何稽丘文集（此書議論正大明儒之近于道書也）（八十六篇）

管子　　　　　　　　　　　　　　　　　　　　　二十四卷八册

晏子春秋（粗見）　　　　　　　　　　　　　　　六卷四冊
　　　（劉向有序此書不及平管子柳宗元有辨）

續綿繡段　　　　　　　　　　　　　　　　　　　　一卷

^{十月} 呂氏春秋　　　　　　　　　　　　　　　二十六卷六冊

明文選　　　　　　　　　　　　　　　　　　十二卷六冊

病源候論（粗見）　　　　　　　　　　　　　　　　十冊

韓非子（粗見）　　　　　　　　　　　　　　二十卷六冊

天隱子養生書　　　　　　　　　　　　　　　　　　一卷

抱樸子（粗見下同）　　　　　　　　　　　　　　　四冊

昌言（申鹽）　　　　　　　　　　　　　　　　　　一卷

卮辭（王禕）　　　　　　　　　　　　　　　　　　同

龍門子（宋濂）

說林（張時徹明人）

鹿門子（皮日休）

^{道家} 文子（周辛鈃）

^同 關尹子（周關令尹喜）

^同 元倉子

^同 鶡冠子

^同 齋丘子化書

^同 無能子

^同 玉華子（明盛若林著）

鄧子

墨子

鬼谷子

子華子（程本）

邁生八牋	十五冊
菜根譚	一冊
壽養叢書	四冊
文獻通考（不周覽只見其尤要處）	四十二冊
續文獻通考抄（同上）	十六冊
博物典彙	十冊

　　　　上四十一部都五百七十五部

　　　○延寶七年　　　五十歲

事言要玄	二十四冊
元元集	
（此書附會於佛說甚訛謬又其佳處皆日本紀古 　　　語拾遺太田命傳倭姬世紀等所載也）	八冊
神令	一冊
本朝學原（松下見林）	同
衿陽雜錄（朝鮮姜景醇雲松居士著不記年號）	同
士峯錄（菅玄同輯）	六冊
四月 西國太平記	十冊
六月 後太平記	
同 法華經	十冊
十月 小學蒙養集	
十一月 大學啓發集	
同月十八日見盡 源氏物語幷湖月抄	
同 性理千字文	一冊
同 竹取物語	二冊

三子傳心錄　　　　　　　　　　　　　　　　　　三冊
住吉物語　　　　　　　　　　　　　　　　　　　二冊
朱子實紀　　　　　　　　　　　　　　　　　　　十二卷

　　上十七部都五百九十二部

　　○延寶八年　　五十一歲
神書 一宮記（自是巳下至雲圖抄於京師所見也）　　一冊
諸神根源抄　　　　　　　　　　　　　　　　　　二冊
歌書 詞林采葉抄　　　　　　　　　　　　　　　　一冊
記 伊勢風土記　　　　　　　　　　　　　　　　　同
同 律（非全書）
類聚三代格（類聚於弘仁貞觀延喜三代之格）　　　六冊
懷風藻　　　　　　　　　　　　　　　　　　　　一冊
江談抄　　　　　　　　　　　　　　　　　　　　三冊
心御柱記　　　　　　　　　　　　　　　　　　　一冊
伊勢風土記　　　　　　　　　　　　　　　　　　同
經國集　　　　　　　　　　　　　　　　　　　　同
長寬勘文或問　　　　　　　　　　　　　　　　　同
扶桑略記　　　　　　　　　　　　　　　　　　　七冊
八幡愚童記
式日註（清原常忠）
古野山獨案內　　　　　　　　　　　　　　　　　六冊
雲圖抄　　　　　　　　　　　　　　　　　　　　一冊
武家百人一首（肪於經基訖于源義高）　　　　　　二卷
慰草（貞德著）

九月 河內國名所記　　　　　　　　　　　　六卷（分爲八册）

同 內閣字府

十月 世諺問答　　　　　　　　　　　　　　　　三册

同 都往來　　　　　　　　　　　　　　　　　　二册

同 古文諸家傳受（倭僧亮典寬文年中著）　　　　一册

同 歷代敍略（好書也臨江梁寅著明國初人）　　　　同

同 一條禪閤美濃紀行　　　　　　　　　　　　　二册

詩歌和文（並不佳）

同 禮式書札（抄之）　　　　　　　　　　　　　　同

同 寺社物語（寺門抄之）　　　　　　九册（其中八册神
　　　　　　　　　　　　　　　　　　　神社考之抄也）

十一月下同 落窪草子（作者未詳似住吉物語）　　二册

有馬小鑑　　　　　　　　　　　　　　　　　　一册

忠度集（十二張）　　　　　　　　　　　　　　　同

遺敎經　　　　　　　　　　　　　　　　　　　　同

葛城物語（說役小角之事）　　　　　　　　　　三册

結城物語
　　　（鎌倉足利持氏滅亡其二子隱于下野結城氏朝
　　　　　氏氏朝戰死持氏子亦被殺）　　　　　二册

萬松院穴大記（記足利義晴於江洲穴大薨）　　　二册

藏笥百首（賴齋著）　　　　　　　　　　　　三卷六册

本朝武家根元　　　　　　　　　　　　　　　　三册

難波鶴　　　　　　　　　　　　　　　　　　　一册

三井手物語　　　　　　　　　　　　　　　　　三册

顏子跣解　　　　　　　　　　　　　　　　　　四册

通念集（記高野山之事粗見）　　　　　　　十册

山城四季物語（周覽）　　　　　　　　　　六册

菊亭草案　　　　　　　　　　　　　　　　一册

公武書禮　　　　　　　　　　　　　　　　同

山城村鏡　　　　　　　　　　　　　　　　同

十二月自夏所看週

事文類聚（七集抄其尤要者）　　　　　　　百册

性理紀聞（粗見明年又見）　　　　　　　　四册

鴨長明紀行　　　　　　　　　　　　　　　一册

　　　　上四十九部凡六百四十一部

　　　　○延寶九年（天和元年也）　　五十二歲

荒政要覽　　　　　　　　　　　　　　　　四册

釋法雲集　　　　　　　　　　　　　　　　五册

一步抄　　　　　　　　　　　　　　　　　一册

三月 冲漠無朕說　　　　　　　　　　　　同

同 寺寺因緣物語　　　　　　　　　　　　五册

四月 圖繪寶鑑　　　　　　　　　　　　　同

五月 古今倭歌集榮雅抄　　　　　　　　　二十卷

同 弘安禮節　　　　　　　　　　　　　　一册

同 武家近代補佐　　　　　　　　　　　　同

同 松原御系圖　　　　　　　　　　　　　一册

同 江戶鑑　　　　　　　　　　　　　　　同

同 蜂須賀系譜　　　　　　　　　　　　　同

同 池田系譜　　　　　　　　　　　　　　同

194　貝原益軒

六月 洛中案內　　　　　　　　　　　　　　　　　　　　同

九月 茶經　　　　　　　　　　　　　　　　　　　　　　三卷

江源武鑑　　　　　　　　　　　　　　　　　　　　　　二十冊

十月 大系圖（粗見）　　　　　　　　　　　　　　　　　三十冊

同 庭訓新抄　　　　　　　　　　　　　　　　　　　　　四冊

十一月 藻鹽草　　　　　　　　　　　　　　　　　　　　十冊

同 半陶稿　　　　　　　　　　　　　　　　　　　　　　六冊

同 公羊傳　　　　　　　　　　　　　　　　　　　　　　十二卷

同 穀梁傳　　　　　　　　　　　　　　　　　　　　　　同

自十二月二十三日

左氏傳林堯叟句解

　　（昔年看杜註左傳今又見經傳及林註且加朱點

　　其要言別抄錄其格言事文之精要者）　　　　　二十五冊

　　　上二十三部都六百六十四部

　　　○天和二年　五十三歲

續神皇正統紀　　　　　　　　　　　　　　　　　　　　一冊

梅城錄　　　　　　　　　　　　　　　　　　　　　　　同

草山集（粗見）　　　　　　　　　　　　　　　　　　　十五冊

三月 字體辨微（點朱屢見）　　　　　　　　　　　　　　一冊

韻語陽秋（粗見）　　　　　　　　　　　　　　　　　　五冊

五月 南都名所集　　　　　　　　　　　　　　　　　　　十冊

六月 彥山靈驗卷　　　　　　　　　　　　　　　　　　　二冊

同四十九所靈窟　　　　　　　　　　　　　　　　　　　一冊

九州治亂記（與昔年所見一冊不同）　　　　　　　　　　九冊

^{秀吉公賜} 加藤清正感書　　　　　　　　　　　　　一册

菅家文集　　　　　　　　　　　　　　　　　　十二册

宇治拾遺（雖昔年見然遺忘不載故載于此）

集義和書　　　　　　　　　　　　　　　　　　十一册

孔廟禮樂考（粗見）　　　　　　　　　　　　　　七册

名世類苑（同上）　　　　　　　　　　　　　　三十册

　　　　上十五部都六百七十九部

　　　〇天和三年　　　五十四歲

都氏文集

^{詩文} 續本朝文粹（元錄十二年復見）　　　　　十三卷

續神宮秘傳問答　　　　　　　　　　　　　　　一册

謠要抄　　　　　　　　　　　　　　　　　　　二册

大和名所幽考　　　　　　　　　　　　　　　十五册

愼言集　　　　　　　　　　　　　　　　　　　三卷

廣嗣須知

二蒙集

梅菴集（僧萬里之文集也號漆桶）　　　　　　　一册

鎌倉五山記　　　　　　　　　　　　　　　　　一册

^記 南禪寺記　　　　　　　　　　　　　　　　一册

異制庭訓往來　　　　　　　　　　　　　　　　二册

^{五月} 西行法師家集　　　　　　　　　　　　　　四册

謠本外百番　　　　　　　　　　　　　　　　二十册

花壇綱目　　　　　　　　　　　　　　　　　　二册

公家鏡　　　　　　　　　　　　　　　　　　　一册

女詩仙集　　　　　　　　　　　　　　　二册

爲愚痴物語　　　　　　　　　　　　　　八册

感應編俗解　　　　　　　　　　　　　　二册

勸心和歌集　　　　　　　　　　　　　　一册

句袋　　　　　　　　　　　　　　　　　二册

職原支流　　　　　　　　　　　　　　　同

西公談抄　　　　　　　　　　　　　　　一册

能因女玄集　　　　　　　　　　　　　　同

新撰和歌（貫之）　　　　　　　　　　　同

源語秘訣抄　　　　　　　　　　　　　　同

士範（抄之）　　　　　　　　　　　　　同

伊勢兩宮末社記　　　　　　　　　　　　同

有馬地志（黑川道祐著）　　　　　　　　同

八代集秀逸（定家）　　　　　　　　　　同

日本遷都考　　　　　　　　　　　　　　同

記 宗像記

囃謠皷覺集（抄之）　　　　　　　　　　五册

呂氏官箴（抄之）　　　　　　　　　　　一册

十一月 津絕海集　　　　　　　　　　　五卷

　　　上三十六部都七百十五部

　　○天和四年（貞享元年）　　五十五歲

公任髓腦　　　　　　　　　　　　　　　一卷

莫傳抄（俊賴撰）　　　　　　　　　　　同

鷄（惺窩）　　　　　　　　　　　　　　同

歌 撰集作者部類　　　　　　　　　　　　　　　　　三卷

大坂 界鑑（記泉州界之事）　　　　　　　　　　　　三冊

同 邇言便蒙抄　　　　　　　　　　　　　　　　　三冊

同 醫家隨筆　　　　　　　　　　　　　　　　　　一冊

日本分形圖　　　　　　　　　　　　　　　　　　同

鄉六月 濟北集　　　　　　　　　　　　　　　二十卷十一冊

韻鏡開奩（粗見）　　　　　　　　　　　　　　　六卷

雜書 溫故集（記近世感書等事）　　　　　　　　　一卷

六月 厄記（明朝錢姓啓新字著名一本萬曆時人）　　四冊

七月 建禮門院右京太夫家集　　　　　　　　　　　二冊

同 黑田如水記（號故鄉物語）　　　　　　　　　　三冊

野語迹說

陸奧話記　　　　　　　　　　　　　　　　　　　一卷

奧州後三年記　　　　　　　　　　　　　　　　　三卷

　　　上十七部都七百三十二部

　　　○貞享二年　　　五十六歲

江戶正月下同

勢陽雜記　　　　　　　　　　　　　　　　　　　五冊

松平記　　　　　　　　　　　　　　　　　　　　同

石見女式　　　　　　　　　　　　　　　　　　　一冊

東齋隨筆　　　　　　　　　　　　　　　　　　　同

武家 太和記（近世戰記也）　　　　　　　　　　　一冊

蒲生氏鄉記　　　　　　　　　　　　　　　　　　同

和語雜雜抄　　　　　　　　　　　　　　　　　　同

	藏玉	同
	西襦抄	同
詩文	江吏部集	三册
記	隱州視聽合記	二册
神	佛邪正論	一册
記	縣召除目次第（後陽成院御作）	同
記	三節會記	二册
神	松尾事迹	一册
記	節供記要	同
同	公武大體略	同
同	高橋記	同
	朝野羣載	二十册
今旣印行	東野州聞書	五册
	古今集作者	一册
	天功開物	三册
歌	後鳥羽院御口傳	一册
同	今物語（士御門院時人所著歌物語也非好書）	同
詩文	扶桑選對（以上江戶）	同

四月已下京都

	本朝世諺俗談	六册
	本朝改元考（山崎嘉）	一册
	大神宮參詣記	同
	曆抄	二册
	叶音辨	四册
	花史	五册

薛文清集　　　　　　　　　　　　　　　　　　八冊

活所遺稿　　　　　　　　　　　　　　　　　　三冊

無題詩　　　　　　　　　　　　　　　　　　　二冊

玉海（略看）　　　　　　　　　　　　　　　　百冊

下懸謠外百番　　　　　　　　　　　　　　　　二十冊

陳后山詩集（十二卷略看）　　　　　　　　　　六冊

居盲必要（粗見）　　　　　　　　　　　　　　同

榊葉日記（二條殿）　　　　　　　　　　　　　一冊

神祇靈應記（延春）　　　　　　　　　　　　　同

文公家禮考證（朝鮮金墂著）

學庸章句指南　　　　　　　　　　　　　　　　二冊

東海一漚集（建仁寺円月詩文集）　　　　　　　同

愚管抄（慈鎮著記本朝歷世甚略蓋和字也）　　　同

魯班經　　　　　　　　　　　　　　　　　　　一卷

記 嚴嶋詣日記（今川了俊作此時鹿苑院嚴嶋詣了俊供奉）同

同 太秦廣隆寺緣起　　　　　　　　　　　　　　同

同 後醍醐帝詔勅軍法（此書尙有數卷今亡）　　　同

今上皇帝古今御傳受竟宴和歌（天和三年）　　　同

大安寺緣起（菅丞相所作文章及后集不載之蓋菅公

　手書也今在南都海龍王寺）　　　　　　　　　同

日本各國圖（凡六十八國）

日本後記（略）　　　　　　　　　　　　　　　二十卷

蔗菴遺稿（備陽僧文明年作名李弘大叔文章有數十

　篇無詩其文不拙）

四言對相　　　　　　　　　　　　　　　　　　一冊

本朝書史略（惺窩作）　　　　　　　　　　　　　　同

懲毖錄（記平安城四邊神祇守護皇都事闕作者名）　二冊

大和豐秋津嶋卜定書（佛氏之所附會）　　　　　　一冊

賦光源氏物語詩

　　（有自序其詩凡五十五首皆律詩七言自桐壺迄于

　　　夢浮橋以卷名爲題各賦卷中之事而並合于其事

　　　實風格似朗詠所載和人之詩而柔軟艷靡序亦艷

　　　麗一首賦紫式部此書出于金澤文庫案序正應四

　　　年所作也蓋伏見院年號）　　　　　　　　　　一冊

古事談　　　　　　　　　　　　　　　　　（六卷）三冊

璃壺玉液　　　　　　　　　　　　　　　　　　　二冊

皇明千家詩　　　　　　　　　　　　　　　　　　四冊

吉齋漫錄（吳廷翰著點朱於要語）　　　　　　　　二卷

榊原忠次碑銘　　　　　　　　　　　　　　　　　一卷

九月　武用辨略（稻葉石見守著）　　　　　　　　十五冊

同　閱古隨筆　　　　　　　　　　　　　　　　　一冊

記　海東諸國記　　　　　　　　　　　　　　　　同

續歌林良材　　　　　　　　　　　　　　　　　　二冊

寬文印知集　　　　　　　　　　　　　　　　　　二十五冊

談海　　　　　　　　　　　　　　　　　　　　　二十七冊

中興源記　　　　　　　　　　　　　　　　　　　十冊

文字鏁（鴨長明）　　　　　　　　　　　　　　　二冊

武家諸條目　　　　　　　　　　　　　　　　　　同

公家諸條目　　　　　　　　　　　　　　　　　　一冊

壽親養老新書　　　　　　　　　　　　　　　　　三冊

續無名抄	同
十一月 赤松小勇記	二册
武家要錄	五册
本朝策問	一册
喫茶養生記	同
天經或問	三册
軒岐救生論	六册
庖厨本草	十三册

　　　上八十三部都八百十五部

　　　○貞享三年　　　五十七歲

駿府政事錄	八册
大坂雜記	五册
慶元記	二册
記 宗祇筑紫記行	一册
翁物語	四册
毛利元就記	同
定家假字遣	一册
孝經刊誤	同
公事言葉考	同
圓覺經	五册
三代末集作者部類	二册
新撰兎玖波作者部類	一册
三國僧位要記略	同
首楞嚴經	十册

歷代要覽　　　　　　　　　　　　　　　　　　二冊
鴨長明四季物語（此書疑是僞書）　　　　　　　四冊
僧史略　　　　　　　　　　　　　　　　　　　三冊
花上集（叢林名經二十人所作之詩也半陶子序）　一卷
講學鞭策錄　　　　　　　　　　　　　　　　　同
九月 水鏡　　　　　　　　　　　　　　　　　三冊
同 大鏡（又號世繼物語）　　　　　　　　　　八冊
同 增鏡　　　　　　　　　　　　　　　　　　十冊
太平記貍首篇　　　　　　　　　　　　　　三十二冊
十月 貴嶺問答　　　　　　　　　　　　　　　一冊
字考　　　　　　　　　　　　　　　　　　　　一冊
九月 伊豆鏡　　　　　　　　　　　　　　　　同
十月 有職問答　　　　　　　　　　　　　　　五卷
同 職原別勘　　　　　　　　　　　　　　　　三卷
同 諸家家業　　　　　　　　　　　　　　　　一卷
同 諸法授幼抄　　　　　　　　　　　　　　　三卷
十一月 小學紺珠　　　　　　　　　　　　　　四冊
甕記（蘇原吳廷翰著）　　　　　　　　　　　　一卷
櫝記（同上）　　　　　　　　　　　　　　　　同
土佐日記註（本文雖已見今後見註故重載之）　　二冊
　　　　上三十四部都八百四十九部

　　○貞享四年　　五十八歲
加茂記假字　　　　　　　　　　　　　　　　　一冊
自舊臘至正月十二日 覆醬集　　　　　　　　十四冊

^{同前} 薛代醫案（宜抄取之者探而書之於頤生編且有	
附紅小片者宜時覽）	四册
排釋錄	一册
^{五月} 文會筆錄	二十卷
^{六月} 鎌倉志	十二册
^同 雍州府志	十册
^同 身延紀行	一册
^{八月} 萬葉仙覺註	
^{九月} 清巖茶話	二册
^{十月} 長元物語	同
難太平記	一册
活幼心法	二册
奇效醫述	同

　　　上十四部都八百六十三部

　　　○貞享五年　　　五十九歲

^同 醫學釣玄	三册
^{三月} 宇治物語	同
^同 奈良土產	同
^{四月神} 神家常談	三册
^同 圖繪宗彝	四册
^同 心學辨	二册
^{記七月} 九州軍記	十二册
^{八月} 李太白詩集（略看）（二十五卷）	二十册
^同 徒然草摘議	三册

同 商文殷公集（略看）

同 桑華詩篇　　　　　　　　　　　　　　　　二册

九月 伊勢名所拾遺集　　　　　　　　　　　　四册

同 有馬私雨（有馬名所記也）　　　　　　　　五卷

同 和歌名所追考（山城）　　　　　　　　　　十二册

同 默雲稿（僧天隱之集也無文）　　　　　　　一册

記十月 藝備國郡志　　　　　　　　　　　　　一册

同 神代直指抄

十一月 譽田八幡宮緣起（足利義教公作）　　　五卷

十月 雅樂解水土解　　　　　　　　　　　　　二册

同 海士藻芥　　　　　　　　　　　　　　　　一册

十一月 三個重事（記御卽位等事一條兼良公之作）　同

改元烏兎記（記改元之年月日）　　　　　　　　同

記錄 今上御記（記當今御卽位等事）　　　　　　同

同 叡岳要記　　　　　　　　　　　　　　　　二卷

山城風土記（多闕）　　　　　　　　　　　　一卷

記錄 策彥南遊稿　　　　　　　　　　　　　　一卷

歌 最明寺百首　　　　　　　　　　　　　　　同

記 東寶記（記東寺事）　　　　　　　　　　　三册

同 八幡山寶庫記　　　　　　　　　　　　　　一卷

黑川氏紀行　　　　　　　　　　　　　　　二十五卷

西遊左券（記嵯峨事）

石山行

南行記（記宇治笠置田原往來之事）

南方行（記奈良高野和歌浦和泉河內之事）

寧樂日錄（記南都往來）

攝津歷覽

東歸雜錄（藝州往來記行及詩也）

龜山行（記丹波龜山往來之事）

大悲行（記丹波大悲山往來之事）

三尾行（記高尾槇尾栂尾往來之事）

神泉苑略記（太秦村行記）

法金剛說（北尾三尾記）

四合記爲　　　　　　　　　　　　　一册

丹若行記（記丹波丹後若狹往來之事）

江東行（記江州湖東所所往來之事）

愛后登覽志

東北歷覽（記洛陽東山北山之事）

上賀茂行程記

南行記事（記大坂境河內之事）

東西歷覽（記洛外東西之事）

北肉魚山行（記大原靜原岩倉幡枝市原之事）

東寺往還

南方行紀（記攝津國河內往來之事）

大原一覽（西山大原野所所往還之事）

　　　上三十部都八百九十三部

　　○元祿二年　　　六十歲

懷橘談（記出雲事）　　　　　　　　一册

大成經（略看僞書）　　　　　　　三十三册

　姪人見友元序之）

同 堂上紀聞　　　　　　　　　　　　　　　　　　一册

八月 源平盛衰記　　　　　　　　　　　　　　　四十八卷

七月 一時隨筆　　　　　　　　　　　　　　　　　四册

九月 唐詩鼓吹（元遺山撰）　　　　　　　　　　　十卷

七月 百人一首師說抄　　　　　　　　　　　　　　一卷

九月 故事成語考　　　　　　　　　　　　　　　　二卷

同 類書纂要　　　　　　　　　　　　　　　　　　十二卷

同 二禮童覽　　　　　　　　　　　　　　　　　　二册

十月 本草藥名備考　　　　　　　　　　　　　　　九卷

十一月 醫學辨害　　　　　　　　　　　　　　　　十二册

歌書 公任和歌式　　　　　　　　　　　　　　　　一册

幼學類篇　　　　　　　　　　　　　　　　　　　七册

　　　上十八部都九百十一部

　　　〇元祿三年　　　六十一歲

神書正月 二十四流宗源圖記　　　　　　　　　　　一册

正月 忠儀士傳（堀田氏輯）　　　　　　　　　　　六册

記三月 北筑雜稿　　　　　　　　　　　　　　　　一册

男山放生大會　　　　　　　　　　　　　　　　　七卷

雜書 神屋宗湛茶會記　　　　　　　　　　　　　　一册

四敎議　　　　　　　　　　　　　　　　　　　　同

寒山子詩集　　　　　　　　　　　　　　　　　　同

十二月 雜摩記　　　　　　　　　　　　　　　　　十册

同 釋日本紀　　　　　　　　　　　　　　二十八卷七册

　　上九部都九百二十部

　　　○元祿四年　　六十二歲
正月 俊賴無名抄　　　　　　　　　　　　　　　　　二卷
同 金剛經（有註）　　　　　　　　　　　　　　　　一卷
同 四部錄（證道歌十牛圖坐禪儀信心銘）
抄之 秘中抄宗祇　　　　　　　　　　　　　　　　　三卷
操觚字要　　　　　　　　　　　　　　　　　　　　一卷
九月 聽雨紀談　　　　　　　　　　　　　　　　　　一卷
同 易圖說　　　　　　　　　　　　　　　　　　　　同
十一月 谷響集　　　　　　　　　　　　　　　　　　十冊
同 殘太平記　　　　　　　　　　　　　　　　　　　十二冊

　　　上九部都九百二十九部

　　　○元祿五年　　六十三歲
歐陽子試筆
李時珍註食物本草　　　　　　　　　　　　　　　　十六冊
醫經小學　　　　　　　　　　　　　　　　　　　　四冊
儒門事親　　　　　　　　　　　　　　　　　　　　五冊
最上義光記　　　　　　　　　　　　　　　　　　　一冊
遷幸要略　　　　　　　　　　　　　　　　　　　　同
伊勢茜社口訣　　　　　　　　　　　　　　　　　　同
板倉政要（伊賀守所作）
常陸國誌　　　　　　　　　　　　　　　　　　　　五冊
頓阿高野日記　　　　　　　　　　　　　　　　　　五冊

所歷日記（石出氏）　　　　　　　　　　　　五册

林塘集　　　　　　　　　　　　　　　　　　二册

心學辨（雲川治兵衞作）　　　　　　　　　　同

炮灸全書　　　　　　　　　　　　　　　　　同

新曾我物語　　　　　　　　　　　　　　　　五册

和歌袖寶集（寫本）　　　　　　　　　　　　一册

氏族辨證　　　　　　　　　　　　　　　　　一册

本朝畫傳　　　　　　　　　　　　　　　　　六册

遊學往來（玄惠作）　　　　　　　　　　　　二册

說文（粗見）　　　　　　　　　　　　　　　十二册

　　　　上二十部都九百四十九部

　　　〇元祿六年　　　六十四歲

四月 救荒本草　　　　　　　　　　　　　　　四册

正月至二月 路史（粗見）　　　　　　　　　　十六册

二月 朝鮮征伐明時記抄（左本書十三卷宇佐美佐助

　　定祐之所編也）　　　　　　　　　　　　五册

三月 續古文眞寶　　　　　　　　　　　　　　二册

五月 千家詩釋義　　　　　　　　　　　　　　一册

六月 續谷響集　　　　　　　　　　　　　　　十册

十一月 會津風土記　　　　　　　　　　　　　二册

十二月 立花立齋舊聞記　　　　　　　　　　　同

　　　　上八部都九百五十七部

　　　〇元祿七年　　　六十五歲

尺牘奇賞　　　　　　　　　　　　　　　　　四册

楞伽經　　　　　　　　　　　　　　　　　　同

釋氏要覽　　　　　　　　　　　　　　　　　三册

古文眞寶前集諺解　　　　　　　　　　　　十七册

仙巢稿

　　　　上五部都九百六十二部

　　　○元祿八年　　　六十六歲

正月 世說新語補　　　　　　　　　　　　二十一册

正月 中殿御會記　　　　　　　　　　　　　一册

同 北山紀聞　　　　　　　　　　　　　　　六册

二月 義楚六帖　　　　　　　　　　　　二十四册

同 東坡詩集　　　　　　　　　　　　　二十七册

八月 主圖合結記（諸國城主記也）　　　　十一册

同 玉露叢　　　　　　　　　　　　　　四十二册

十月 近來秀歌（此集後土御門院以來之秀歌也後柏

　　原後奈良院西三條三代及宗祈肖柏等歌有之凡六

　　十首許）　　　　　　　　　　　　　　一册

十一月 華夷通商考　　　　　　　　　　　　二册

十二月 筑後地鑑　　　　　　　　　　　　　一册

闢邪集　　　　　　　　　　　　　　　　　　同

　　　　上十一部都九百七十三部

　　　○元祿九年　　　六十七歲

正月 花譜（西湖居易主人論定）　　　　　　一卷

二月 致富全書　　　　　　　　　　　　　　　　四册

七月 陳后山集　　　　　　　　　　　　　　　　十二册

仝 拾遺和歌集　　　　　　　　　　　　　二十卷一册

仝 後拾遺集　　　　　　　　　　　　　　二十卷一册

唐才子傳　　　　　　　　　　　　　　　　　　十卷

　　　　上六部都九百七十九部

　　　　〇元祿十年　　　六十八歲

手爾波口訣辭　　　　　　　　　　　　　　　　一卷

和字袋草紙（如眞字昔年旣見了）　　　　　　　二册

詩疑（王魯齋所著）　　　　　　　　　　　　　一册

書疑（同）　　　　　　　　　　　　　　　　　同

和語指南　　　　　　　　　　　　　　　　　　六册

三卷蒲生氏鄕記

翻譯名義

　　　　上七部都九百八十六部

　　　　〇元祿十一年　　　六十九歲

自京到八幡山名所記　　　　　　　　　　　　　一卷

增補西明寺百首（有三百三十六首蜷川氏作）　　同

和泉國誌　　　　　　　　　　　　　　　　　　四册

源氏和秘抄（兼良公）　　　　　　　　　　　　一册

芝山會稿　　　　　　　　　　　　　　　　　　十册

適從錄　　　　　　　　　　　　　　　　　　　二册

志津嶽戰記（江州木本地藏堂別當雄山所著淺井

三代記亦同）　　　　　　　　　　　　　　　　　　一册

左經記

元享釋書文辨　　　　　　　　　　　　　　　　　　一册

伊勢流和禮書　　　　　　　　　　　　　　　　　　一册

近江式目佐：木家　　　　　　　　　　　　　　　　同

書簏蟫雋（資暇錄希通羣碎錄抄也朝鮮人作）

慵齊叢話　　　　　　　　　　　　　　　　　　　　十卷

法華靈場記　　　　　　　　　　　　　　　　　　　同

簡便諸方（明除涉達齋著藥方之切要者雜事之緊

要者）　　　　　　　　　　　　　　　　　　　　一卷

夜鶴庭訓抄（抄了）　　　　　　　　　　　　　　　同

神仙巧術　　　　　　　　　　　　　　　　　　　　同

本朝食鑑　　　　　　　　　　　　　　　　　　　　十卷

奇歌抄　　　　　　　　　　　　　　　　　　　　　二卷

典籍便覽　　　　　　　　　　　　　　　　　　　　九册

　　上二十部都千六部

　　〇元祿十二年　　　七十歲

花鏡（正月十三日）　　　　　　　　　　　　　　　三册

渡唐記　　　　　　　　　　　　　　　　　　　　　一册

時習新知　　　　　　　　　　　　　　　　　　　　八册

新猿樂記　　　　　　　　　　　　　　　　　　　　一册

文明一統記（此書依常德院殿所望後成恩寺殿書

之以送之略記政事之要非好書）　　　　　　　　同

多多良義興遊西芳寺記（歌多）　　　　　　　　　　一册

畫工便覽 一册

伊勢神領名所集（荒木田守澄之所作也） 同

高倉家裝束圖抄 同

八月 南紀略志（善齋作。紀州名勝及寺社有二十五葉） 同

明二十四家詩定 八册

明智記

亭子院歌合日記（伊勢作） 一卷

檜垣嫗集 同

更科日記（孝標女作） 同

雲井花（良基公作記中殿御會） 同

白鷹記（良基公作） 同

小夜寢覺（良基公作）ウタタネ（うたたね） 同

假寢（阿佛） 一卷

庭訓（同）庭のおしえ（庭ノオシエ）

道行曲ブリ（今川了俊自攝津至長門山陽之紀行也歌多） 同

兩聖記（藤長親） 同

送東宮御書（後花園院）

雲井春（兼良公。記禁庭蹴鞠之事）

志らかさ年の記（藤原基綱禁中御八講八講　講法華
　　經百八坐の儀式を詳ょ記す） 一卷

住吉紀行（實隆作）（記庄吉天王寺根來粉川高野
　　山渡邊境水無瀨遊觀之事） 同

高野山參詣記（藤原公條） 一卷

事林廣記 十五册

思の儘の日記（良基作） 一卷

214　貝原益軒

　　千六十部

　　　○元祿十三年　　七十一歲
正月　諸國寺社領記　　　　　　　　　　　　　　一册
同　源氏物語裝束抄　　　　　　　　　　　　　同
同　橫川撰日本詩百人一首　　　　　　　　　同
同　錢譜（本邦山崎柯編）　　　　　　　　　同
同　山谷題跋　　　　　　　　　　　　　　　同
厚顏抄（日本紀和歌古事記和歌註元祿四年沙門契
　冲著）　　　　　　　　　　　　　　　　　四卷
六月　前王廟陵記　　　　　　　　　　　　　二册
七月　平攘錄
四月　近世雜記（竹森氏）　　　　　　　　二十八册
八月　醫戒（別爲八卷）
　（道三梅坡輯纂錄古醫書也弘文院序可爲好書唯
　　恨采用浮屠）
十一月　無文堂集　　　　　　　　　　　　　二册
　　　　上十一部都千四十六部

　　　　○元祿十四年　　七十二歲
大學定本（伊藤氏著）　　　　　　　　　　　一卷
般若心經（宗渤注）　　　　　　　　　　　　同
宗像舊記　　　　　　　　　　　　　　　　　十卷
八月　宗像記追考　　　　　　　　　　　　　五卷
同　攝陽羣談　　　　　　　　　　　　　　十七册

二酉洞　　　　　　　　　　　　　　　　　　　二册

十一月 豫藥集方　　　　　　　　　　　　　　同

　　　上八部都千五十四部

　　　○元祿十五年　　　七十三歲

三、四月 扶桑拾葉記　　　　　　　　　　　　三十册

延平答問附錄

倭字通例書（橘成貞元祿八年作）　　　　　　八册

十一月 武家高名記　　　　　　五十卷二十五册

論語集義

外科正宗　　　　　　　　　　　　　　　　　四册

　　　上七部都千六十一部

　　　○元祿十六年　　　七十四歲

正月 泉州志　　　　　　　　　　　　　　　　六册

張宛丘文集　　　　　　　　　　　　　　　　三册

宗像記（眞字。與前所見不同）　　　　　　　一册

省菴文集（自柳川來者五册自小野借者五册俱有詩　十册
　文）

宗像軍記　　　　　　　　　　　　　　　　　三册

新刊人國記

　　　上六部都千六十七部

　　　○元祿十七年寶永元年　　　七十五歲

地錦抄

事類合璧（略涉獵）

　　　　上二部都千六十九部

　　　○寶永二年　　　七十六歲

正月 滄浪詩話　　　　　　　　　　　　　　　　　　二册

二月 捫虱新話　　　　　　　　　　　　　　　　　　三册

三月 小兒育草（牛山）　　　　　　　　　　　　　　五册

六月 酉陽雜俎　　　　　　　　　　　　　　　　　　六册

老學菴筆記　　　　　　　　　　　　　　　　　　　三册

陸放翁題跋

古今印史　　　　　　　　　　　　　　　　　　　　一册

五月 胡五峯知言　　　　　　　　　　　　　　　六卷一册

伊勢物語拾穗抄

三年 御室歌合　　　　　　　　　　　　　　　　　　一册

　　　　上十部都千七十九部

　　　○寶永三年　　　七十七歲

五月 本朝食鑑　　　　　　　　　　　　　　　　　　十册

名醫傳略　　　　　　　　　　　　　　　　　　　　二册

津逮秘書

　　　　右三部都千八十二部

　　　○寶永四年　　　七十八歲

幼悟家書（大坂醫白比氏正甫所著也　生國美作

　　貞享三年作陽明流之學也元祿六年京大坂書肆　　五册

板行）

　　上一部都千八十三部

　　〇寶永五年　　　七十九歲

^{大觀} 本草序例　　　　　　　　　　　　　　　　　一册

東國太平記（記上杉景勝家事其中多記家康公秀忠

　公事）　　　　　　　　　　　　　　　　　　十六卷

增補華夷通商考　　　　　　　　　　　　　　　五册

俗說辨　　　　　　　　　　　　　　　　　　　同

舜水談奇　　　　　　　　　　　　　　　　　　三册

戶次軍記　　　　　　　　　　　　　　　　　　十一册

淨慈要語（佛書有標說）　　　　　　　　　　　二卷上下

　　上七部都千九十部

　　〇寶永六年　　　八十歲

晉書

三國志

續俗說辨　　　　　　　　　　　　　　　　　　三册

談藪（名世文宗之首卷有之六十七葉評於左氏以下

　到明之文）

陸象山全集　　　　　　　　　　　　　　三十四卷十六册

狐媚叢談　　　　　　　　　　　　　　　二册有目五卷

^{四月} 大唐世說新語略見（十三卷元和年中劉肅撰自

　國初迄大曆事關政教言涉文句云云）　　　　　四册

關原志記（抄之了）　　　　　　　　　　　　　二十册

筑波問答（良基公作連歌書）　　　　　　　　　　　　　　一冊
新撰筑波集　　　　　　　　　　　　　　　　　　　　　　二卷

　　　　上十部都千百部

備考

　　玩古目錄是益軒的讀書目錄，這個目錄告訴我們益軒在幾歲的時
候讀了一些什麼書，而且也使我們對益軒的讀書方法一目瞭然。此
外，我們也可以從這個目錄裏面知道當時有些什麼書物被人閱讀以及
從中國、韓國傳來了一些什麼書籍。同時，這個目錄更是了解益軒的
學術思想變遷的貴重資料。

人名名詞索引

書　　　　　名	作　　者	出　版　狀　況
聖　奧　古　斯　丁	黃　維　潤	撰　稿　中
聖　多　瑪　斯	黃　美　貞	撰　稿　中
梅　露・彭　廸	岑　溢　成	撰　稿　中
黑　格　爾	徐　文　瑞	撰　稿　中
盧　卡　契	錢　永　祥	撰　稿　中

世界哲學家叢書 (三)

書　　　　名	作　　者	出　版　狀　況
狄　爾　泰	張　旺　山	已　出　版
哈　伯　馬　斯	李　英　明	已　出　版
巴　克　萊	蔡　信　安	撰　稿　中
呂　格　爾	沈　清　松	撰　稿　中
柏　拉　圖	傅　佩　榮	撰　稿　中
休　　　　謨	李　瑞　全	撰　稿　中
胡　塞　爾	蔡　美　麗	撰　稿　中
康　　　　德	關　子　尹	撰　稿　中
海　德　格	項　退　結	撰　稿　中
洛　爾　斯	石　元　康	撰　稿　中
史　陶　生	謝　仲　明	撰　稿　中
卡　納　普	林　正　弘	撰　稿　中
奧　斯　汀	劉　福　增	撰　稿　中
洛　　　　克	謝　啟　武	撰　稿　中
馬　塞　爾	陸　達　誠	撰　稿　中
約　翰　彌　爾	張　明　貴	已　出　版
卡　爾　巴　柏	莊　文　瑞	撰　稿　中
赫　　　　爾	馮　耀　明	撰　稿　中
漢　娜　鄂　蘭	蔡　英　文	撰　稿　中
韋　　　　伯	陳　忠　信	撰　稿　中
謝　　　　勒	江　日　新	撰　稿　中
馬　克　思	許　國　賢	撰　稿　中
雅　斯　培	黃　　藿	撰　稿　中

世界哲學家叢書 (二)

書　　　　　名	作　　者	出　版　狀　況
孟　　　　　子	黃　俊　傑	撰　　稿　　中
朱　　　　　熹	陳　榮　捷	撰　　稿　　中
王　　安　　石	王　明　蓀	撰　　稿　　中
袾　　　　　宏	于　君　方	撰　　稿　　中
宗　　　　　密	冉　雲　華	撰　　稿　　中
方　　以　　智	劉　君　燦	撰　　稿　　中
吉　　　　　藏	楊　惠　男	撰　　稿　　中
玄　　　　　奘	馬　少　雄	撰　　稿　　中
龍　　　　　樹	萬　金　川	撰　　稿　　中
智　　　　　顗	霍　韜　晦	撰　　稿　　中
竺　　道　　生	陳　沛　然	撰　　稿　　中
慧　　　　　遠	區　結　成	撰　　稿　　中
奎　　　　　英	成　中　英	撰　　稿　　中
僧　　　　　肇	李　潤　生	撰　　稿　　中
西　田　幾　多　郎	廖　仁　義	撰　　稿　　中
伊　藤　仁　齋	田　原　剛	撰　　稿　　中
貝　原　益　軒	岡　田　武　彥	已　　出　　版
山　崎　闇　齋	岡　田　武　彥	撰　　稿　　中
山　鹿　素　行	劉　梅　琴	撰　　稿　　中
吉　田　松　陰	山　口　宗　之	撰　　稿　　中
休　　　　　靜	金　煐　泰	撰　　稿　　中
知　　　　　訥	韓　基　斗	撰　　稿　　中
元　　　　　曉	李　箕　永	撰　　稿　　中

世界哲學家叢書 (一)

書　　　　　名	作　　　者	出　版　狀　況
董　　仲　　舒	韋　政　通	已　　出　　版
程顥、程　頤	李　日　章	已　　出　　版
荀　　　　　子	成　中　英	撰　　稿　　中
王　　陽　　明	秦　家　懿	排　　印　　中
王　　　　　弼	林　麗　真	撰　　稿　　中
陸　　象　　山	曾　春　海	撰　　稿　　中
陳　　白　　沙	姜　允　明	撰　　稿　　中
劉　　蕺　　山	張　永　儁	撰　　稿　　中
黃　　宗　　羲	盧　建　榮	撰　　稿　　中
周　　敦　　頤	陳　郁　夫	撰　　稿　　中
王　　　　　充	林　麗　雪	撰　　稿　　中
莊　　　　　子	吳　光　明	撰　　稿　　中
老　　　　　子	傅　偉　勳	撰　　稿　　中
張　　　　　載	黃　秀　璣	撰　　稿　　中
王　　船　　山	戴　景　賢	撰　　稿　　中
韓　　非　　子	王　曉　波	撰　　稿　　中
顏　　　　　元	楊　慧　傑	撰　　稿　　中
墨　　　　　子	王　讚　源	撰　　稿　　中
邵　　　　　雍	趙　玲　玲	撰　　稿　　中
顧　　炎　　武	古　偉　瀛	撰　　稿　　中
李　　退　　溪	尹　絲　淳	撰　　稿　　中
賈　　　　　誼	沈　秋　雄	撰　　稿　　中
李　　栗　　谷	宋　錫　球	撰　　稿　　中